Die wilden 70er

BONANZARAD UND FLOKATI

Alexandra Sgro

compact via

compact via ist ein Imprint der Compact Verlag GmbH

Text: Alexandra Sgro
Chefredaktion: Evelyn Boos
Redaktion: Gesa Scheziat, Tanja Greiner
Produktion: Johannes Buchmann
Abbildungen: siehe Bildnachweis S. 128
Titelabbildungen: dpa Picure-Alliance, Frankfurt (Muhammad Ali, bunte Schuhe, roter Schuh);
fotolia.com: Atelier W. (Discokugel), WoGi (Hintergrundmuster)
Gestaltung: h3a GmbH, München
Umschlaggestaltung: h3a GmbH, München
Druckvorstufe und Satz: Simkraft, Mumbai | www.simkraft.com

ISBN 978-3-8174-8900-8
381748900

www.compactverlag.de

VON:

FÜR:

INHALTSVERZEICHNIS

MUSIK

Die Musik der 70er wurde eigentlich nur von zwei Dingen beherrscht: der Discowelle und dem Progressive Rock. Entweder stand man auf schnelle Beats und mitreißende Rhythmen oder man bevorzugte harte Gitarrenklänge, mitunter nicht jugendfreie Texte und tiefe Bassstimmen. Sowohl die Bee Gees, Diana Ross und Donna Summer als auch Bands wie AC/DC, Pink Floyd, Black Sabbath oder Led Zeppelin zogen die Menschen massenweise in ihren Bann. Noch ein Stück härter ging es bei den Sex Pistols zu. Die aus Großbritannien stammende Band war Mitbegründer des in den 70ern entstandenen Punkrocks. In Deutschland dagegen erhielten Schlagersänger wie Udo Jürgens oder Roy Black nach wie vor großen Zuspruch. Kraftwerk mit ihrem Elektrosound und dem Sprechgesang hoben sich merklich davon ab. Auch Udo Lindenberg überzeugte durch seinen ganz eigenwilligen Sound. In der DDR standen die Puhdys und City in den Charts ganz weit oben. Für Reggae-Klänge sorgte zeitweilig Bob Marley mit seiner Band The Wailers.

01 **In den 70ern wurde die Musikwelt von einer Discowelle überrollt. Welcher 1977 entstandene Film spiegelt diese Ära fast originalgetreu wider?**

a) *Flashdance*
b) *Footloose*
c) *Saturday Night Fever*
d) *Music Man*

02 **David Bowie repräsentierte den Glam Rock wie kein Zweiter. In welche Kunstrolle schlüpfte er dafür zeitweise?**

a) Ziggy Stardust
b) Eddie Guerrero
c) Marty McFly
d) Donnie Darko

! Wie der Name „Glam Rock" schon verrät, spielte bei dem Musikstil Glamour eine große Rolle. Die Kleidung der Musiker bestach durch viel Glitzer und prunkvolle Farben.

03 **Die Sex Pistols verkörperten in den 70ern den Punk. Welche Modedesignerin und ihr Ehemann waren mit ihnen eng verbunden?**

a) Jil Sander
b) Sonia Rykiel
c) Claudia Skoda
d) Vivienne Westwood

04 **Schlagerstars wie Udo Jürgens und Roy Black waren die Lieblinge aller Schwiegermütter. In welchem Film spielte Roy Black mit?**

a) *Unsere Pauker gehen in die Luft*
b) *Blau blüht der Enzian*
c) *Kinderarzt Dr. Fröhlich*
d) *Unser Willi ist der Beste*

05 **Jethro Tull gelten als Musterband des Progressive Rock. Welches Instrument spielte Leadsänger Ian Anderson?**

a) Querflöte
b) Panflöte
c) Oboe
d) Klarinette

06 **Welcher Sänger, der oft in schrillen Outfits auftrat und mit seiner Band Klassiker wie *Bicycle Race* (1978) aufnahm, verbirgt sich hinter dem Namen Farrokh Bulsara?**

a) Ozzy Osbourne
b) Freddie Mercury
c) Pete Townshend
d) Robert Plant

07 **Welches Lied stammt von Barry White?**

a) *Can't Smile Without You*
b) *You Are Everything*
c) *Put a Little Love in Your Heart*
d) *The First, the last, my Everything*

08 **1971 veröffentlichte das Ex-Beatles-Mitglied John Lennon das Lied *Imagine*. Welcher Künstler hat es nicht gecovert?**

a) Elton John
b) Bob Dylan
c) Ray Charles
d) Diana Ross

Imagine-Mosaik in New York

09 Hardrock-Bands wie Led Zeppelin und Deep Purple machten sich mit ihren Alben in den 70ern unsterblich. Wer spielte bei Led Zeppelin Gitarre?

a) John Frusciante
b) Ritchie Blackmore
c) Slash
d) Jimmy Page

10 Welche Bewegung unterstützte der aus Jamaika stammende Bob Marley?

a) Scientology
b) Theosophie
c) Rastafari-Bewegung
d) Bhagavata

11 Von welcher Gruppe wird Bruce Springsteen auf Konzertreisen begleitet?

a) E-Street-Band
b) Panikorchester
c) The Wailers
d) Jazzkantine

! Springsteen wird seit den 70ern von vielen nur noch „The Boss“ genannt.

12 Welchem späteren Staatschef stand Frank Zappa eine Zeit lang als kultureller Berater zur Seite?

a) Valéry Giscard d’Estaing
b) Gerald Ford
c) Václav Havel
d) Guilin Andretti

13 **Welche Musikerin avancierte besonders in der DDR mit Titeln wie *In jener Nacht* (1975) und *Auf der Wiese* (1975) zu einem gefeierten Star?**

a) Juliane Werding
b) Ireen Sheer
c) Mary Roos
d) Veronika Fischer

14 **Welchem Tier soll Black-Sabbath-Frontmann Ozzy Osbourne bei einem Konzert den Kopf abgebissen haben?**

a) Fledermaus
b) Kanarienvogel
c) Goldfisch
d) Spitzmaus

15 **Welche Parole der linken Szene basiert auf einem Lied der deutschen Band Ton Steine Scherben?**

a) Der Klügere gibt so lange nach, bis er der Dumme ist.
b) Nur tote Fische schwimmen mit dem Strom.
c) Macht kaputt, was euch kaputt macht.
d) Unter den Talaren – Muff von 1000 Jahren.

16 **1975 verließ Peter Gabriel Genesis; die verbliebenen Musiker rund um Phil Collins machten erfolgreich weiter. Wie heißt ihr einziger Nummer-eins-Hit in den USA?**

a) *I Can't Dance*
b) *Invisible Touch*
c) *No Son of Mine*
d) *Mama*

Peter Gabriel

17 Welcher Musikrichtung widmeten sich die Mitglieder der Band Pink Floyd zu Beginn ihrer Karriere?

a) Punk
b) Psychedelic Rock
c) Rockabilly
d) Boogie Woogie

18 Welche Autostrecke besang 1974 die deutsche Elektroband Kraftwerk?

a) Rennbahn
b) Fahrbahn
c) Autobahn
d) Bundesstraße

19 Wie sind die beiden Gründungsmitglieder von AC/DC, Angus und Malcom Young, miteinander verwandt?

a) Onkel und Neffe
b) Cousins
c) Vater und Sohn
d) Geschwister

20 Welchen Titel trägt das 1999 erdachte Musical mit zahlreichen ABBA-Stücken, an dessen Entstehung Benny Andersson und Björn Ulvaeus mitwirkten?

a) *Thank You for the Music*
b) *Mamma Mia!*
c) *Waterloo*
d) *Money, Money, Money*

21 Welcher Gibb-Bruder war nicht Teil der Bee Gees?

a) Andy
b) Maurice
c) Robin
d) Barry

22 Mit welchem Titel war die 1972 gegründete Ostband City auch im Westen erfolgreich?

a) *Am Fenster*
b) *Twist in der Nacht*
c) *Fang doch die Freude*
d) *Hallo Dolly*

23 Bei welcher Plattenfirma stand Diana Ross, die u. a. mit *Touch Me in the Morning* (1973) auf Platz 1 der Charts stand, lange unter Vertrag?

a) Capitol
b) Universal
c) Columbia
d) Mowtown

Vor ihrer Solokarriere (ab 1970) war Diana Ross erfolgreich mit dem weiblichen Gesangstrio The Surpremes unterwegs.

24 Welche Formation gilt als Prototyp der Punkband?

a) The Doors
b) Ramones
c) Dead Kennedys
d) The Who

25 **Mit dem Album *Andrea Doria* feierte Udo Lindenberg 1973 seinen Durchbruch. In welchem Hotel ist er Dauergast?**

a) The Regent
b) Hotel Atlantic Kempinski
c) Vier Jahreszeiten
d) Schloss Bensberg

26 **Welchen Stil prägte der Bandleader James Last?**

a) Merengue
b) Cool Jazz
c) Happy Sound
d) Esperanto

27 **Welcher Musiker feierte 1971 mit *Wie ein Stern* seinen größten Erfolg?**

a) Andreas Holm
b) Frank Schöbel
c) Hartmut Schulze-Gerlach
d) Hans-Jürgen Beyer

28 **Mit ihren Liedern zu welchem Film erregte die Band Puhdys zum ersten Mal großes Aufsehen?**

a) *Die Legende von Paul und Paula*
b) *Zeit der Störche*
c) *Die Taube auf dem Dach*
d) *Jakob der Lügner*

FILM UND FERNSEHEN

Die 70er waren die Zeit der großen Showmaster. Rudi Carrell, Wim Thoelke, Peter Frankenfeld, Hans Rosenthal – sie alle hatten ihre eigene Unterhaltungssendung. Vor allem Spiel- und Quizsendungen wie *Am laufenden Band* oder *Dalli Dalli* standen bei den Zuschauern hoch im Kurs. Mit *Je später der Abend* startete 1973 die Urmutter aller Talkshows. Diebe und Mörder hatten es in den 70ern besonders schwer: Die *Tatort*-Ermittler nahmen ihren Dienst auf. Die Serien *Columbo* und *Kojak* gingen ebenfalls an den Start. Auch die Kinder hatten fortan neue Helden: Namen wie Kermit der Frosch, Miss Piggy, Samson und Tiffy geisterten ab jetzt durch die Kinderzimmer. In den Kinos rührte *Love Story* zu Tränen. Dustin Hoffman erspielte sich als verlassener und alleinerziehender Vater im Sorgerechtsdrama *Kramer gegen Kramer* seinen ersten Oscar. *Star Wars* und *Der Pate* traten ihren weltweiten Siegeszug an. Der Fernsehvierteiler *Der Seewolf* bannte fast die gesamte Nation vor dem Bildschirm. Nicht ganz ernst nehmen durfte man die Filme des Duos Bud Spencer & Terence Hill.

29 **Welcher Ermittler ging 1970 beim ersten *Tatort* auf Mördersuche?**

30 **Welche Krimiserie war das DDR-Pendant zum *Tatort*?**

31 **Für welche ab 1977 gesendete Serie musste Manfred Krug, der sowohl in Ost als auch in West erfolgreich war, öfters ins Ausland reisen?**

a) *Kir Royal*
b) *Liebling Kreuzberg*
c) *Detektivbüro Roth*
d) *Auf Achse*

Ernie und Bert

32 **Kinder hatten mit Serien wie *Muppet Show*, *Rappelkiste* oder *Sesamstraße* ihre wahre Freude. Welche Farbe hatte Christophers Pullover in *Die Sendung mit der Maus*?**

a) Blau
b) Grün
c) Gelb
d) Rot

! Bekannte Figuren der *Sesamstraße* sind Ernie und Bert, Graf Zahl, Grobi und das Krümelmonster.

33 **Welches Gericht versucht Dustin Hoffman in dem oscarprämierten Film *Kramer gegen Kramer* (1979) mehrfach zuzubereiten?**

a) Würstchen im Schlafrock
b) Mousse au chocolat
c) Crème brulée
d) Arme Ritter

34 **Wer führte durch die Sendung *Je später der Abend* (1973), die als erste Talkshow im deutschen Fernsehen gilt?**

a) Dietmar Schönherr
b) Wim Thoelke
c) Hans-Joachim Kulenkampff
d) Peter Frankenfeld

35 **Wer schrieb die Romanvorlage für den Film *Love Story* (1970)?**

a) Gabriel García Márquez
b) Paulo Coelho
c) Johannes Mario Simmel
d) Erich Segal

36 **Welche Comedy-Show rund um John Cleese und Eric Idle brachte ab 1971 auch die deutschen Zuschauer zum Lachen?**

a) *Für alle Fälle Fitz*
b) *Monty Python's Flying Circus*
c) *Blackadder*
d) *Life on Mars*

37 **Welche Rolle verkörperte Gojko Mitić in vielen seiner Filme?**

a) Indianer
b) Politiker
c) Arzt
d) Bettler

38 **Welche Familie stand in der ab 1974 ausgestrahlten Serie *Unsere kleine Farm* im Mittelpunkt?**

a) March
b) Cartwright
c) Waltons
d) Ingalls

39 **Welcher Loriot-Figur begegnete Wim Thoelke in *Der Große Preis*?**

a) Herr Müller-Lüdenscheidt
b) Wum
c) Frau Hoppenstedt
d) Doktor Klöbner

40 **Zahlreiche Detektive wie Columbo und Kojak begannen in den 70ern mit ihren Ermittlungsarbeiten. Was hatte Kojak stets im Mundwinkel?**

a) Pfeife
b) Zahnstocher
c) Zigarette
d) Lolli

Peter Falk alias Inspektor Columbo

41 **Welches Nahrungsmittel zerquetschte Raimund Harmstorf in dem Vierteiler *Der Seewolf*?**

a) Kohlrabi
b) Kartoffel
c) Apfel
d) Melone

42 **In den 60ern und 70ern schlüpfte Inger Nilsson für mehrere Filme in die Rolle der Pippi Langstrumpf. Wie heißt der Affe, der mit in der Villa Kunterbunt lebt?**

a) Madita
b) Herr Nilsson
c) Kleiner Onkel
d) Kalle Wirsch

43 **1970 kam der erste *Schulmädchen-Report* in die Kinos. Welche Schauspielerin trat nicht in einer der Folgen auf?**

a) Ingrid Steeger
b) Lisa Fitz
c) Iris Berben
d) Jutta Speidel

44 **Welcher Krieg steht in dem 1979 gedrehten Film *Apocalypse Now* im Mittelpunkt?**

a) Korea-Krieg
b) Erster Weltkrieg
c) Zweiter Weltkrieg
d) Vietnamkrieg

45 **1972 erschien die Kinderserie *Wickie und die starken Männer.* Mit welchem Gegner bekam es der schlaue Wikingerjunge öfter zu tun?**

a) Der schreckliche Sven
b) Rumpelwichte
c) Fuchur
d) Jabba the Hutt

46 **Welchen Ausruf tätigte Hans Rosenthal in der Sendung *Dalli Dalli*?**

47 **Wer produzierte in den Anfangsjahren die Quizsendung *Am laufenden Band* (ab 1974) mit Rudi Carrell?**

48 **Welcher Medienpreis wird zu Ehren Helga Hahnemanns verliehen, die in den 70ern mit ihrer Berliner Schnauze das DDR-Publikum begeisterte?**

a) Felix
b) Lola
c) Bambi
d) Goldene Henne

49 **Was wird gern während einer bestimmten Szene aus *The Rocky Horror Picture Show* (1975) geworfen?**

a) Reis
b) Popcorn
c) Luftschlangen
d) Taschentücher

50 **Worüber kommt es in dem Streifen mit Bud Spencer & Terence Hill *Zwei wie Pech und Schwefel* (1974) mehrfach zum Streit?**

a) Klavier
b) Dune Buggy
c) Bohnen zum Essen
d) hübsche Frau

51 **Wer sorgte musikalisch beim Blockbuster *Der weiße Hai* (1975) für Angst und Schrecken?**

52 **Welcher Sänger sah sich in dem Film *Der Pate* (1972) wieder und beschwerte sich über die Parallelen?**

53 **1976 kam der Boxerfilm *Rocky* mit Sylvester Stallone in die Kinos. Gegen wen stieg Rocky Balboa im ersten Teil in den Ring?**

a) Apollo Creed
b) Clubber Lang
c) Ivan Drago
d) Tommy Gunn

54 **In den 70ern ging es hinauf in ferne Welten: *Star Trek* und *Star Wars* erschienen auf der Bildfläche. Welche Figur war nicht im ersten Teil von *Star Wars* zu sehen?**

a) Obi-Wan Kenobi
b) Boba Fett
c) Chewbacca
d) Lando Calrissian

55 **Die Serie *Dallas* entwickelte sich zu einem wahren Straßenfeger. Wo lebten die Ewings?**

a) Tara
b) Southfork Ranch
c) Villa Miravalle
d) Mont Royal

MODE

Frauen konnten in den 70ern zwischen zwei Extremen wählen: Mini oder Maxi. Viele entschieden sich für den Minirock, der inzwischen gesellschaftsfähig geworden war. Jeanshosen wurden endgültig Bestandteil der männlichen und weiblichen Garderobe. Dazu wurde gern ein „Palästinensertuch" getragen. Männer ließen sich in den 70ern lange Haare wachsen und kleideten sich in lässigen Anzügen und Hemden mit besonders weitem Kragen. Eine breite, fast schon ausladende Krawatte durfte da natürlich nicht fehlen. Nicht wenige von ihnen zeigten sich mit dickem Schnauzbart und ungewohntem Afrolook. Schrille Farben und Muster waren in den 70ern der letzte Schrei. Sich nicht verstecken, sondern zeigen, war das Motto der Stunde. Mit angesagten Neonfarben war das auch nicht schwierig. Designer wie Yves Saint Laurent, Sonia Rykiel und Vivienne Westwood drückten mit ihren Kollektionen den 70ern ihren Stempel auf. Während die ersten beiden ihren Schwerpunkt auf feminine Mode legten, war Westwood mit ihren Leder- und Gummioutfits die Queen of Punk.

56 **Männer mit langen Haaren mussten dank eines 1971 neu eingeführten Gesetzes ihre Haare für den Bundeswehrdienst nicht kürzen. Was mussten sie stattdessen tragen?**

a) Stirnband
b) Mütze
c) Haarnetz
d) Kopftuch

57 **Was war bei Männern in den 70ern neben einem Schnauzbart angesagt?**

a) Nasenring
b) blonde Strähnchen
c) kurze Haare mit einrasiertem Motiv
d) Koteletten

58 **Frauen zeigten gern Bein. Wer erfand den Minirock?**

a) Mary Quant
b) Coco Chanel
c) Sonja de Lennart
d) Nina Ricci

59 **Mit welchem Kleidungsstück zeigte sich so mancher junge Erwachsene?**

a) Biedermeiermütze
b) Baggy Pants
c) grüner Parka
d) Bolero

60 **Welche Schuhmode war sogar an einigen Männerfüßen zu sehen?**

a) Ballerinas
b) Plateauschuhe
c) Peeptoe
d) Stilettos

61 **In den 70ern erlebte die Jeans einen Boom, die Stoffhosen waren bald out. Welcher Schnitt war sehr beliebt?**

a) Schlaghose
b) Bootcut
c) Cargohose
d) Chino

62 **Welchem Kleidungsstück verhalf die italienische Schauspielerin Gloria Guida zu einem Durchbruch?**

a) Treggins
b) Lederhose
c) Hotpants
d) Hosenanzug

63 **Welches Outfit musste so manches Kind noch tragen?**

a) Lederhosen mit Kniestrümpfen und Sandalen
b) Kadettenuniform
c) Fallout
d) Matrosenanzug

64 **Was war in fast jedem Kleiderschrank zu finden?**

a) Marlene-Hose
b) Netzhemden
c) gestreifte T-Shirts
d) Pumphose

65 **Welcher Politiker machte das Palituch („Palästinensertuch") zu einem Modehit in den 70ern?**

a) Jassir Arafat
b) Fidel Castro
c) Osama bin Laden
d) Saddam Hussein

66 Welchen Stil brachte Sonia Rykiel auf den Laufsteg?

a) Trapezlinie
b) Damensmoking
c) Rock für Männer
d) feminine Strickmode

67 1977 brachte der Modedesigner Yves Saint Laurent den Duft „Opium“ auf den Markt. Womit hatte er einige Jahre zuvor für Wirbel gesorgt?

a) Polka Dots
b) Nude Look
c) Tellerröcke
d) Boho-Chic

68 Welches zuvor in dunklen Tönen getragene Kleidungsstück wurde in den 70ern plötzlich farbig?

a) Pelze
b) Handschuhe
c) Cowboystiefel
d) Anzugjacke

69 Zu welchem Kleidungsstück griffen Frauen?

a) Hemdblusenkleid
b) Prinzesskleid
c) Jackenkleid
d) Maxikleid

70 Was durfte in den 70ern nicht fehlen?

a) Overall
b) Hermès-Tücher
c) Skinny Jeans
d) Mantelkleid

Yves Saint Laurent bei der Eröffnung seiner Boutique in London

71 Welche Farbe war oft tonangebend?

a) verwaschenes Schwarz
b) dezentes Beige
c) knalliges Orange
d) durchschimmerndes Ocker

Beliebtes Krawattenmuster in den 70er-Jahren

72 Weite Hemdkragen waren in den 70ern gang und gäbe. Wie wird ein vorn offener sowie hoher Stehkragen genannt?

a) Kindsentführer
b) Onkelschänder
c) Frauenschläger
d) Vatermörder

73 Breite Krawatten waren lange Zeit in. Was ist kein Krawattenknoten?

a) Windsor-Knoten
b) Klemmknoten
c) Four-in-Hand
d) Pratt-Knoten

74 Welche Frisur machten die Damen in *Drei Engel für Charlie* (1976–81) berühmt?

a) Braids
b) Bubikopf
c) Dauerwelle
d) Minipli

75 Welches Kleidungsstück trugen viele Frauen?

a) Kaftan
b) Hermès-Carré
c) Cargohose
d) Wonderbra

76 Welcher deutsche Fußballspieler trug in den 70ern gern den Afrolook?

a) Uwe Seeler
b) Günter Netzer
c) Paul Breitner
d) Gerd Müller

77 Wie wird ein hautenger Einteiler auch genannt?

a) Biret
b) Blouson
c) Catsuit
d) Dreispitz

78 Die 70er wären undenkbar ohne …?

a) Moonboots
b) Cowboystiefel
c) Burkini
d) Fliegerjacke

79 Welche Kombination wurde häufig getragen?

a) Cowboyhut und Gamaschen
b) Daunenmantel und Schiebermütze
c) Gehrock und Hemdkleid
d) Latzhose und Rollkragenpullover

80 Welches Accessoire brachte einigen den Spruch „Du siehst aus wie Puck die Stubenfliege“ ein?

a) Badekappe
b) Hosenträger
c) Brille
d) Fliege

GESCHICHTE UND POLITIK

Die 70er wurden überschattet von den schrecklichen Taten der Roten Armee Fraktion (RAF). Andreas Baader, Ulrike Meinhof und Gudrun Ensslin sorgten für Angst und Schrecken in der Bevölkerung. Seinen Höhepunkt erreichte der Heiße Herbst 1977, als u. a. der Arbeitgeberpräsident Hanns Martin Schleyer entführt und ermordet sowie die Lufthansa-Maschine Landshut entführt wurde. Zu einem ähnlichen Drama war es zuvor auch 1972 bei den Olympischen Spielen in München gekommen. Palästinensische Terroristen hatten elf israelische Sportler als Geiseln genommen, von denen keiner das Drama überlebte. Technisch hingegen ging es in den 70ern steil bergauf. Die Unternehmen Apple und Microsoft wurden gegründet, ein Deutscher flog zum ersten Mal ins Weltall. Die 70er waren aber auch das Jahrzehnt der politischen Affären. Richard Nixon stolperte über einen Abhörskandal, Willy Brandt über einen Spion in den eigenen Reihen. Die weltweite Ölkrise zwang die Regierung dazu, autofreie Sonntage einzuführen.

81 Unter welchem Begriff ist das Jahr 1978 auch bekannt?

a) Hightech-Jahr
b) Benzinjahr
c) Betrugsjahr
d) Dreipäpstejahr

Apple wurde 1976 von Steve Jobs, Steve Wozniak und Ron Wayne gegründet.

82 Welches Betriebssystem wird für den Rechner Apple Macintosh vom Unternehmen Apple genutzt?

83 Welche Bürosoftware entwickelte Microsoft 1975?

84 Für seine friedliche Ostpolitik erhielt Willy Brandt den Friedensnobelpreis. Vor welchem Denkmal fand sein Kniefall von Warschau statt?

a) Hermannsdenkmal
b) Ewige Flamme
c) Denkmal der Helden des Gettos
d) Siegessäule

85 Was wurde in dem Warschauer Vertrag von 1970 u. a. geregelt?

a) Wiederbewaffnung Deutschlands
b) Anerkennung der Oder-Neiße-Linie
c) Einfuhr von bestimmten Rohstoffen
d) Hilfe im Kriegsfall

Willy Brandt (2. v. l.) und der polnische Ministerpräsident Jozef Cyrankiewicz (2. v. r.)

86 Wie hieß die palästinensische Terrororganisation, die israelische Sportler bei den Olympischen Sommerspielen in München als Geisel nahm?

a) Black Panthers
b) Armee der Freiheit
c) Für den Frieden
d) Schwarzer September

87 Wie oft wurde 1973 wegen der Ölkrise das allgemeine PKW- und LKW-Sonntagsfahrverbot ausgerufen?

a) einmal
b) viermal
c) sechsmal
d) zehnmal

88 Für welche Zeitung arbeiteten Bob Woodward und Carl Bernstein, die mit ihren Recherchen im Rahmen der Watergate-Affäre Richard Nixon zu Fall brachten?

a) *Chicago Tribune*
b) *Washington Post*
c) *Los Angeles Times*
d) *Wall Street Journal*

89 Aus welchem Grund trat Willy Brandt 1974 zurück?

a) Guillaume-Affäre
b) Flick-Affäre
c) Ruby-Affäre
d) Barschel-Affäre

Olympiastadion und Fernsehturm von München im Olympiapark

90 Welche Maßnahme wurde 1971 neu eingeführt?

a) freiwillige Krankenversicherung
b) Bafög
c) Künstlersozialkasse
d) Gründungszuschuss

91 Welches deutsche Restaurant erhielt 1979 drei Sterne im Guide Michelin?

a) Schwarzwaldstube
b) Kurhausstüberl
c) Le Val d'Or
d) Aubergine

! Der Österreicher Eckart Witzigmann (* 1941) war zu diesem Zeitpunkt hauptverantwortlicher Koch.

92 Wo wurden 1977 die Geiseln des entführten Flugzeugs Landshut befreit?

a) Dubai
b) Frankfurt am Main
c) Mogadischu
d) Aden

93 Wer flog als erster Deutscher 1978 mit dem Russen Waleri Bykowski ins Weltall?

a) Ulf Merbold
b) Sigmund Jähn
c) Reinhard Furrer
d) Ernst Messerschmid

94 Welches Thema führte 1979 zur Verabschiedung des NATO-Doppelbeschlusses?

a) Umweltkatastrophe
b) Mittelstreckenraketen
c) Grenzöffnung
d) Ölkrise

95 Welche Organisation wurde 1971 ins Leben gerufen?

a) Ärzte ohne Grenzen
b) Aktion Mensch
c) Robin Wood
d) Deutsches Rotes Kreuz

96 Was tat Ray Tomlinson 1971 als Erster?

a) Sandwichtoaster konstruieren
b) Diaphragma herstellen
c) 3D-Brille entwickeln
d) E-Mail verschicken

97 Welche Entwicklung meldete Daimler-Benz 1971 für ein deutsches Patent an?

a) elektrische Fenster
b) Airbag
c) beheizte Frontscheibe
d) ABS-System

98 Wie hieß der erste zivile Rettungshubschrauber, der 1970 in Deutschland in Dienst gestellt wurde?

a) Christoph 1
b) Peter 1
c) Michael 1
d) Manuel 1

99 Mit der Absetzung welches Schahs endete 1979 die Monarchie im Iran?

a) Muzaffar ad-Din Schah
b) Mohammed Ali Schah
c) Ahmad Schah Kadschar
d) Mohammad Reza Pahlavi

100 1971 wurde Erich Honecker Erster Sekretär des Zentralkomitees der SED. In welches Land zog er sich nach Ende seiner Untersuchungshaft zurück?

a) Indien
b) Chile
c) Argentinien
d) Südafrika

101 Was wurde durch die Reform des Ehe- und Familienrechts im Jahr 1977 im Bereich Scheidung gültig?

a) Zerrüttungsprinzip
b) Verschuldungsprinzip
c) Aufhebungsrecht
d) Trennung auf Probe

! Neu war auch die Erlaubnis, dass die Eheleute fortan entscheiden konnten, wer welche Aufgabe (Haushaltsführung, Bestreiten des Familienunterhalts) übernehmen sollte.

102 Welcher Partei gehörte Saddam Hussein an, der 1979 Premierminister des Iraks wurde?

a) Islamischer Block
b) Baath-Partei
c) Nationale Front
d) Kurdische Vereinigte Front

103 1974 wurde Helmut Schmidt Bundeskanzler. Bei welcher Zeitung ist er Mitherausgeber?

a) *Die Zeit*
b) *B. Z.*
c) *Frankfurter Allgemeine Zeitung*
d) *Süddeutsche Zeitung*

104 Margaret Thatcher übernahm 1974 das Amt der britischen Premierministerin. Wie lautete ihr Spitzname?

a) „britischer Betonkopf"
b) „Terrier"
c) „Misses Neinsager"
d) „Eiserne Lady"

105 In welcher deutschen Stadt lief 1970 der erste Ford Escort vom Band?

a) Wolfsburg
b) Stuttgart-Zuffenhausen
c) Saarlouis
d) Zwickau

106 **1971 entstand die Organisation Greenpeace. Wie hieß das Schiff, das 1985 vom französischen Geheimdienst versenkt wurde?**

a) Endeavour
b) Rainbow Warrior
c) Yarmouth Castle
d) Gorch Fock

107 **Der Bundestag beschloss 1975, das Alter für Volljährigkeit auf 18 Jahre herabzusenken. In welchem Alter war man vorher volljährig?**

a) 21 Jahre
b) 23 Jahre
c) 25 Jahre
d) 27 Jahre

108 **Der 1972 verabschiedete Radikalenerlass sorgte für Tumulte in Deutschland. Welches Bundesland schaffte ihn als Erstes wieder ab?**

a) Niedersachsen
b) Bayern
c) Saarland
d) Nordrhein-Westfalen

109 **An Bord welches amerikanischen Raumschiffs kam es 1970 aufgrund einer Explosion des Tanks zu massiven Problemen?**

a) Apollo 11
b) Apollo 13
c) Apollo 15
d) Apollo 16

KUNST UND KULTUR

Der aufkommende Feminismus in den 70ern machte auch vor dem Kunst- und Kulturbereich nicht halt. Alice Schwarzer kommentierte in ihrem Blatt nur allzu gern die Missstände in der Gesellschaft. Weitaus lustiger dagegen ging es bei der Zeitschrift *MAD* zu; die satirischen Geschichten erfreuten sich großer Beliebtheit. Und auch Comics wie *Garfield* oder die Hörspielreihen *Die drei ???* und *Benjamin Blümchen* traten in den 70ern ihren Siegeszug an. Pina Bausch bereicherte mit ihrem Talent den Bereich Tanz, Joseph Beuys drückte der Kunst seinen unvergleichlichen Stempel auf. Auch Friedensreich Hundertwasser verzückte die Kunstwelt mit seinen meist bunten und formenreichen Bauwerken. Während in Monte Carlo eines der inzwischen bekanntesten Zirkusfestivals gegründet wurde, öffnete in Frankreich das Kunst- und Kulturzentrum Centre Pompidou seine Pforten. Sarah Kirsch, Rolf Dieter Brinkmann und Peter Handke bestimmten mit ihren Werken das literarische Schaffen in Deutschland. Loriot avancierte mit Sketchen wie *Herren im Bad* zu einem der beliebtesten Komiker der Bundesrepublik.

110 **Mit dem Namen welches Regisseurs wurde für die Hörspielreihe *Die drei ???* geworben, die ab 1979 produziert wurde?**

Ulf Blanck ist Autor und Erfinder von *Die drei ???.*

111 **Wo lebt der Elefant Benjamin Blümchen, der seit 1977 in der gleichnamigen Hörspielreihe viele Abenteuer erlebt?**

112 **Welche Zeitschrift gründete Alice Schwarzer 1977, mit der sie sich für die Rechte der Frauen einsetzt?**

a) *Die Frau*
b) *Courage*
c) *Emma*
d) *Rosa*

113 **Wer übernahm in den 70ern bei der Satirezeitschrift *MAD* den Posten des Chefredakteurs?**

a) Didi Hallervorden
b) Harald Schmidt
c) Mike Krüger
d) Herbert Feuerstein

114 **Welcher Begriff wurde 1971 erstmalig zum Wort des Jahres gekürt?**

a) aufmüpfig
b) konspirative Wohnung
c) Szene
d) Rasterfahndung

115 **Welches Gebäude hat Friedensreich Hundertwasser nicht gestaltet?**

a) Staatsgalerie Stuttgart
b) Waldspirale in Darmstadt
c) Ronald McDonald Haus in Essen
d) Bahnhof Uelzen

116 **In den 70ern erreichte Pina Bausch dank ihres individuellen Tanztheaters große Bekanntheit. In welcher Stadt war sie lange tätig?**

a) Bochum
b) Dortmund
c) Essen
d) Wuppertal

117 **Joseph Beuys sorgte nicht nur mit seinen Kunstwerken für Aufsehen. Welche Einrichtung besetzte der ehemalige Professor 1972 mit seinen Studenten?**

a) Kunsthochschule Kassel
b) Folkwang Universität der Künste
c) Kunstakademie Düsseldorf
d) Universität der Künste Berlin

118 **Welches Projekt, das die Entwicklung der zeitgenössischen Kunst dokumentiert, unterstützt die deutsche Regierung seit 1970?**

a) Bundeskunsthalle
b) Interbau
c) Bauhaus
d) Deutsche Akademie der Künste

119 **Welcher Schriftsteller, der Romane wie *Ansichten eines Clowns* (1963) und *Gruppenbild mit Dame* (1971) verfasst hat, erhielt 1972 den Nobelpreis für Literatur?**

a) Erich Kästner
b) Friedrich Dürrenmatt
c) Heinrich Böll
d) Günter Grass

120 **In welchem Land wurde 1974 zufällig eine riesige Terrakottaarmee aus dem Jahr 210 v. Chr. entdeckt?**

a) Vietnam
b) Japan
c) Thailand
d) China

121 **Welche Auszeichnung wird auf dem Zirkusfestival von Monte Carlo, das Fürst Rainier III. von Monaco 1974 ins Leben gerufen hatte, vergeben?**

a) Goldener Clown
b) Goldener Artist
c) Goldener Zirkuskönig
d) Goldenes Zirkuszelt

122 **Wie heißt der Hund, der Garfield in dem gleichnamigen Comic (seit 1978) begleitet?**

a) Barry
b) Daisy
c) Odie
d) Butz

123 **Welcher Bürgerrechtsbewegung schlossen sich Künstler wie Václav Havel an, um gegen die Menschenrechtsverletzungen in der Tschechoslowakei zu demonstrieren?**

a) Gruppe 47
b) Solidarność
c) Charta 77
d) Nelkenrevolution

124 **Vicco von Bülow lieh sich vom Wappentier der Familie seinen Künstlernamen. Um was für ein Tier handelt es sich bei einem Pirol?**

a) Singvogel
b) Hund
c) Adler
d) Löwe

125 **In welcher Stadt steht das 1977 eröffnete Kunst- und Kulturzentrum Centre Pompidou?**

a) Nizza
b) Lyon
c) Marseille
d) Paris

126 **Welcher Schriftsteller veröffentlichte 1978 die Novelle *Ein fliehendes Pferd*?**

a) Max Frisch
b) Rolf Hochhuth
c) Martin Walser
d) Uwe Timm

Marcel Reich-Ranicki

127 **Welche literarische Stilrichtung entwickelte sich in den 70ern?**

a) Poetischer Realismus
b) Neue Subjektivität
c) Moderne Epik
d) Heimatkunst

Der Literaturkritiker Marcel Reich-Ranicki (* 1920) prägte diesen Begriff.

128 **Mit welchem Gedichtband, der gleichzeitig als sein Hauptwerk gilt, beschäftigte sich Rolf Dieter Brinkmann kurz vor seinem Tod im Jahr 1975?**

a) *Westwärts 1 & 2*
b) *Taschenkrümel*
c) *Wegwarten. Lieder dem Volke geschenkt*
d) *Deutschland. Ein Wintermärchen*

129 **Welches Gremium war im Palast der Republik untergebracht?**

a) Volkskammer
b) Bundestag
c) Nationale Front
d) Bundesrat

130 **Welcher Georg-Büchner-Preisträger steuerte 1972 das Stück *Der Ignorant und der Wahnsinnige* für die Salzburger Festspiele bei?**

Altstadt von Salzburg

131 **Wie heißt der Stellvertreter der Kindlichen Kaiserin in Michael Endes Buch *Die unendliche Geschichte* (1979)?**

a) Bastian
b) Karl Konrad Koreander
c) Engywuck
d) Atréju

132 **Die Ausbürgerung welches Liedermachers sorgte 1976 für Unmut unter vielen Künstlern?**

a) Konstantin Wecker
b) Reinhard Mey
c) Wolf Biermann
d) Hans Söllner

133 **Welche 1975 eingeführte Zeitschrift bot ihren Lesern Urzeitkrebse als Gimmick an?**

a) *Brigitte*
b) *Popcorn*
c) *Yps*
d) *BRAVO*

134 **Welchen Decknamen gab sich Hans-Günter Wallraff 1977 als vermeintlicher *BILD*-Redakteur?**

a) Gunnar Gaasland
b) Hans Esser
c) Ali Levent Sinirlioğlu
d) Kwami Ogonno

ALLTAG

Für Abwechslung im Alltag war gesorgt: Die ersten Videospiele kamen in den 70ern auf den Markt. Die Produktion an Spielzeug nahm ebenfalls gewaltig zu. In den Wohnungen erzeugten Räucherstäbchen und Lavalampen eine gemütlich-lässige Stimmung. Generell herrschte in der Bundesrepublik eine Atmosphäre des Friedens und der Gemeinschaft. Die Anti-Atomkraft-Bewegung fand daher riesigen Zuspruch. Bundesweit protestierten Tausende Menschen gegen atomare Aufrüstung und Atomwaffentests. Die Gleichberechtigung von Mann und Frau nahm immer konkretere Formen an. 1976 trat das Gleichberechtigungsgesetz in Kraft. Die Männer mussten nicht mehr ihre Zustimmung geben, ob eine Frau arbeiten durfte oder nicht. Die von Alice Schwarzer initiierte Reportage „Wir haben abgetrieben" sorgte für großen Diskussionsstoff in der Republik. Durften Frauen selbst entscheiden, ob sie ein Kind bekommen wollten oder nicht? Auf den deutschen Straßen sollte es sicherer werden. Aus diesem Grund wurde u. a. die Gurtpflicht auf Autovordersitzen eingeführt.

135 **Welches Spiel gilt als Vorreiter aller Videospiele?**

a) Pac-Mac
b) Pong
c) Super Mario
d) Space Invaders

136 **Worauf fuhren Kinder in den 70ern gern durch die Gegend?**

a) Kickboard
b) Segway
c) Waveboard
d) Bonanzarad

137 **Was war in vielen Haushalten zu finden?**

a) Webstuhl
b) Damastvorhang
c) Flokatiteppich
d) Grammophon

! In den 90ern erlebten die Lavalampen ein kurzes Comeback.

138 **Was war das Besondere an Lavalampen, die in den 70ern zum ersten Mal in den Läden auftauchten?**

a) Stromantrieb durch Handkurbel
b) Schwarzlicht
c) austauschbarer Lampenschirm
d) verschiedenfarbige Leuchtelemente

139 **In den 70ern wurden gern Räucherstäbchen angezündet. Wofür werden sie in China eingesetzt?**

a) Feng Shui
b) Karate
c) Pilates
d) Feldenkrais

140 **Welches Schnellrestaurant eröffnete 1971 in München seine erste deutsche Filiale?**

a) Burger King
b) Subway
c) Kentucky Fried Chicken
d) McDonald's

141 **Was war ab 1972 im Handel erhältlich?**

a) Feuerzeug
b) wissenschaftlicher Taschenrechner
c) Kopierer
d) externe Festplatte

142 **Womit spielten Kinder ab 1974 gern viele Stunden?**

a) Lego
b) Playmobil
c) Polly Pocket
d) Game Boy

143 **In Deutschland wurde in den 70ern das Punktsystem für Autofahrer eingeführt. In welcher Stadt werden die Punkte protokolliert?**

a) Flensburg
b) Düsseldorf
c) Berlin
d) Wolfsburg

Radarfalle

144 **Womit hatte Norddeutschland 1978/79 zu kämpfen?**

a) Lebensmittelskandal
b) Heizölknappheit
c) Heuschreckenplage
d) Schneekatastrophe

145 **Welche Zeitschrift veröffentlichte 1971 die Schlagzeile „Wir haben abgetrieben!"?**

a) *Focus*
b) *Spiegel*
c) *stern*
d) *BILD*

! Initiiert hatte die Aktion die Feministin Alice Schwarzer (* 1942).

146 **Was war ab 1976 erlaubt?**

a) eingetragene Lebenspartnerschaft
b) Kinder aus dem Ausland zu adoptieren
c) Name der Frau als Familienname
d) Bier ab 16 Jahren zu kaufen

147 Was ist auf dem Logo „Atomkraft? Nein danke“ der Anti-Atomkraft-Bewegung zu sehen?

a) Peacezeichen
b) Daumen nach unten
c) Smiley mit Träne
d) lachende Sonne

148 Welche technische Neuerung wurde in den 70ern eingeführt?

a) Pager
b) Anrufbeantworter
c) Videotext
d) Herzschrittmacher

149 Welches Unternehmen eröffnete 1974 seine erste Filiale in Deutschland?

a) A.T.U
b) Aral
c) IKEA
d) C&A

150 Was hing in den 70ern in vielen Partykellern?

a) Neonreklame
b) Discokugel
c) Zerrspiegel
d) Hirschgeweih

151 Ohne welches Spielzeug ging so manches Kind nicht aus dem Haus?

a) Scooby Doo Bänder
b) Snakeboard
c) Schminkkopf
d) Hüpfball

152 Was schmückte viele Küchen und Badezimmer?

a) Arielblumen
b) Prilblumen
c) Calgonitblumen
d) Somatblumen

153 Was entwarf der amerikanische Künstler Gilbert Blake?

a) Regenbogenflagge
b) Shell-Muschel
c) VW-Logo
d) Smiley

154 Was führte Martin Cooper in den 70ern als Erster weltweit durch?

a) Lebertransplantation
b) Weltumrundung per Heißluftballon
c) Durchquerung des Ärmelkanals
d) Telefongespräch über ein Mobiltelefon

Martin Cooper

SPRACHE

Auch wenn heute nicht mehr alle Begriffe aus den 70ern geläufig sind, so weiß doch jeder Ruhrpottler trotzdem noch, was eine „Ische" und ein „Dämlack" oder was mit einer Murmel außer dem kleinen runden Spielzeug noch gemeint war. Viele Ausdrücke haben in unterschiedlichen Dialekten und Regionen überlebt. So sind noch häufiger Redewendungen wie „Schieb mal ab!" oder „eins auf die Glocke geben" zu hören. Weniger bekannt dürften da aber die Ausdrücke „juckig", „Schaffe" oder „Penntüte" sein. Für viele Gegenstände hatten die Jugendlichen in den 70ern eine andere Bezeichnung: Führerschein war nicht Führerschein, Motorrad nicht Motorrad und auch die Jacke wurde nicht einfach nur Jacke genannt. Wie jede andere Generation zuvor und auch danach hatte sie ihr eigenes Wort für „einer Frau den Hof machen". Sprachlich ging es in dieser Sache weit weniger höflich zu als noch in den 50ern. So manch einer schob in den 70ern bei ungewöhnlichen Dingen „ein Auge", während andere eher zum „Aufmucken" neigten.

155 **„Ey, schieb mal ab!“ Was war damit gemeint?**

a) Gib mal her!
b) Geh weg!
c) Rück zur Seite!
d) Lass das sein!

156 **Wer „aufmuckte“, der ...?**

a) machte Ärger
b) tanzte zu Discomusik
c) stieß einen lauten Schrei aus
d) verhielt sich egoistisch

157 **„Einer Frau den Hof machen“ – welchen Begriff benutzten viele Jugendliche dafür?**

a) belagern
b) angraben
c) verliegen
d) anlachen

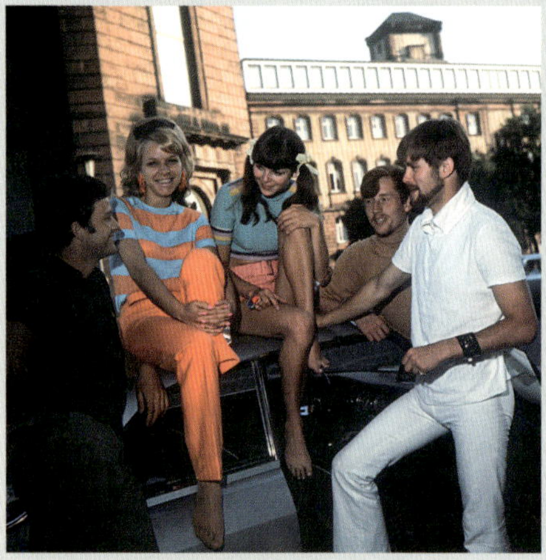

158 **Was wurde in den 70ern mit dem Ausdruck „ein Auge schieben“ bekundet?**

a) warten
b) schielen
c) sich langweilen
d) staunen

159 **Wer von einem „Dämlack“ sprach, der meinte eine ...?**

a) hochnäsige Frau
b) alte Dame
c) dumme Person
d) altmodische Lehrerin

160 **Mit Glocke wurde nicht nur ein Musikinstrument bezeichnet. Was war noch gemeint?**

a) Gesäß
b) Kopf
c) Fernseher
d) Bett

161 **Wer wurde als „Ische“ tituliert?**

a) Blumenliebhaber
b) feste Freundin
c) Reiterin
d) Bäckerin

162 **Wer „juckig“ war, der verhielt sich ...?**

a) fair
b) aufmerksam
c) kindlich
d) unruhig

163 **Was hatte man an, wenn man eine „Kutte“ trug?**

a) Strumpfhose
b) Jacke
c) Fellweste
d) Mütze

164 **Statt von einem Führerschein sprach man auch von einem ...?**

a) Streifen
b) Lappen
c) Knoten
d) Pölsterchen

165 **Was wurde statt Kopf alternativ auch gesagt?**

a) Murmel
b) Billardkugel
c) Bällchen
d) Rechenmaschine

166 **Was verstand man unter dem Wort „Penntüte“?**

a) Zigarette
b) Schlafsack
c) warmen Kakao
d) Pyjama

167 **Welches Synonym war für eine Flasche Schnaps gebräuchlich?**

a) Brustwärmer
b) Lustigmacher
c) Rohr
d) Rundes

168 **Wer von „Schaffe“ sprach, der meinte ...?**

a) arbeiten gehen
b) früh aufstehen
c) Sport treiben
d) geselliges Beisammensein

169 **Was verstand man unter einem „Bock“?**

a) Motorrad
b) Küchenstuhl
c) Geburtstagskuchen
d) Pfeifenreiniger

SPORT

Die 70er ließen international alle Fußballträume wahr werden: Die deutsche Fußballnationalmannschaft wurde 1972 Europameister und zwei Jahre später sogar Weltmeister. National kam es in der Saison 1970/71 hingegen zu einem Skandal. Zwei Bundesligavereine hatten Spiele manipuliert, um nicht in die zweite Liga absteigen zu müssen. Auch in der Formel 1 tat sich einiges. 1970 wurde zum ersten und bisher letzten Mal ein Rennfahrer posthum zum Weltmeister erklärt. Für eine Schrecksekunde sorgte der spektakuläre Unfall von Niki Lauda. Die Boxkämpfe zwischen Muhammad Ali und George Foreman sowie Joe Frazier lockten Millionen Zuschauer vor den Fernseher. Die leidenschaftlichen Boxkämpfe gingen in die Geschichte ein. Eddy Merckx dominierte in den 70ern den Radsport wie kein Zweiter. Er gewann gleich mehrfach die beiden wichtigsten Rennen, die Tour de France und den Giro d'Italia. Was Merckx für den Radsport war, war Björn Borg für den Tennis. Auch im Handball konnten die Deutschen den Weltmeistertitel für sich beanspruchen.

170 Gegen wen verlor die deutsche Nationalmannschaft bei der Fußballweltmeisterschaft (1974) ihr einziges Vorrundenspiel?

a) Argentinien
b) DDR
c) Italien
d) Brasilien

171 Welcher Fußballverein sorgte neben Arminia Bielefeld in der Saison 1970/71 für einen Skandal?

a) Preußen Münster
b) SC Freiburg
c) Rot-Weiß Oberhausen
d) 1. FC Köln

172 Welche Bewegung startete der Deutsche Sportbund in den 70ern?

a) Trimm-dich
b) Dauerlauf
c) Triathlon
d) Aerobic

173 Wer wurde als einziger Formel-1-Pilot posthum zum Weltmeister erklärt?

a) Helmut Koinigg
b) Jim Clark
c) Gilles Villeneuve
d) Jochen Rindt

174 Welcher Boxer gewann als erster Amateur eine Goldmedaille bei Olympischen Spielen?

a) Joe Frazier
b) Jake LaMotta
c) Larry Holmes
d) Leon Sprinks

175 Wie oft gewann Eddy Merckx die Tour de France?

a) dreimal
b) viermal
c) fünfmal
d) sechsmal

176 Wer besiegte 1972 den Schachweltmeister Boris Spasski im sogenannten Match des Jahrhunderts?

a) Tigran Petrosjan
b) Michail Tal
c) Bobby Fischer
d) Garri Kasparow

177 1972 gewann Deutschland die Fußball-Europameisterschaft. Wer wurde Torschützenkönig?

a) Uli Hoeneß
b) Paul Breitner
c) Berti Vogts
d) Gerd Müller

178 Unter welchem Namen ging der am 30. Oktober 1974 ausgetragene Boxkampf zwischen Muhammad Ali und George Foreman in die Geschichte ein?

a) „Thrilla von Manila“
b) „Rumble in the Jungle“
c) „In the Heat of the Night“
d) „Fight for your Right“

179 1975 wurde Niki Lauda zum ersten Mal Formel-1-Weltmeister. Welches Unternehmen gründete er 1979?

a) Fahrradausstatter
b) Eisenbahngesellschaft
c) Fluggesellschaft
d) Kreuzschifffahrt

180 Gegen wen verlor die deutsche Nationalmannschaft 1976 das Finale der Fußball-EM?

a) Österreich
b) Jugoslawien
c) Niederlande
d) Tschechoslowakei

! Die Begegnung wird allgemein auch als die „Nacht von Belgrad" bezeichnet.

181 Welche Skifahrerin gewann bei den Olympischen Winterspielen 1976 in Innsbruck zwei Gold- und eine Silbermedaille?

a) Rosi Mittermaier
b) Maria Epple
c) Christa Zechmeister
d) Pamela Behr

182 Was war 1978 das Besondere an Reinhold Messners und Peter Habelers Besteigung des Mount Everest?

a) Aufstieg an einem Tag
b) Hissen der tibetischen Flagge
c) keine Sauerstoffgeräte
d) Begleitung durch Kamerateam

183 Welches Turnier gewann der Schwede Björn Borg fünfmal in Folge (1976–80)?

a) US-Open
b) Fed Cup
c) Australian Open
d) Wimbledon

LEBENSMITTEL

Immer einen Kuchen griffbereit haben, ohne lange backen zu müssen – den Traum vieler Hausfrauen ermöglichte ab 1975 die Conditorei Coppenrath & Wiese. Mit ihren tiefgefrorenen Kuchen und Gebäckstückchen ersparten sie den Frauen die lange und aufwendige Zubereitungszeit. Wer generell keine Lust zum Kochen hatte, der probierte einen der neuen Dönerläden aus, die in vielen Städten Deutschlands in den 70ern ihre Pforten öffneten. Wer die deutsche Küche bevorzugte, aß gefüllte Paprika. Aber auch Gerichte aus dem Ausland fanden in der Republik immer mehr Zuspruch. Gulasch und Nizza-Salat waren die perfekte Hauptmahlzeit. Für Schleckermäuler standen roter, grüner oder gelber Wackelpudding und Nussecken bereit. Der Braune Bär von Langnese war der Renner unter den neuen Eissorten. Es gab in den 70ern kaum ein Kind, das nicht mit dem Eis am Stiel durch die Gegend lief. Viel herber dagegen schmeckten Knöterich Pastillen. Den Durst löschten TRi TOP, Berliner Weiße mit Schuss oder auch schon mal ein Glas Sangria.

184 In welcher Stadt hat die Conditorei Coppenrath & Wiese ihren Sitz?

a) Osnabrück
b) Bonn
c) Bielefeld
d) Aachen

185 Was kam in den 70ern in vielen Haushalten regelmäßig auf den Tisch?

a) halbes Hähnchen
b) Mettenden
c) Blutwurst
d) Sonntagsbraten

186 Aus welchem Land stammt ursprünglich das Gericht Gulasch?

a) Polen
b) Ungarn
c) Ukraine
d) Aserbaidschan

187 Womit werden Nussecken bestrichen?

a) Aprikosenmarmelade
b) Zuckerrübensaft
c) Ahornsirup
d) Blütenhonig

188 Was durfte auf keiner kalten Platte fehlen?

a) Dinkelkekse
b) Cracker mit Dip
c) Bruschetta
d) mit Fleischsalat gefüllte Tomaten

189 **Was verbirgt sich hinter dem Begriff TRi TOP?**

a) Cocktail
b) Sektmarke
c) Limonade ohne Zucker
d) Getränkesirup

190 **Womit war das beliebte Eis „Brauner Bär“ gefüllt?**

a) Krokant
b) Erdnüsse
c) Karamell
d) Vanillecreme

Werbetafel aus Metall

191 **Gern wurde in den 70ern Berliner Weiße mit Schuss getrunken. Womit wurde das Bier gemischt?**

a) Himbeersirup
b) Korn
c) Crème de Cassis
d) Kümmelschnaps

! Wackelpudding besteht hauptsächlich aus Gelatine, Farbstoffen und Zucker.

192 **Unter welchem Namen ist Wackelpudding auch bekannt?**

a) Wackelulli
b) Wackelpeter
c) Wackelsven
d) Wackelmoni

193 **Welches ist der Hauptbestandteil von gefüllten Paprikaschoten?**

a) Karotten
b) Mozzarella
c) Champignons
d) Hackfleisch

194 **Welches alkoholische Getränk wird für eine Sangria verwendet?**

a) Rotwein
b) Eierlikör
c) Crème de menthe
d) Whiskey

195 **Welche Steinfrucht ist gewöhnlich in einem Nizza-Salat zu finden?**

a) Mandel
b) Pistazie
c) Olive
d) Kokosnuss

196 **Welches heute täglich verkaufte Lebensmittel eroberte in den 70ern die deutschen Haushalte?**

a) Tiefkühlpizza
b) Chai Latte
c) grüner Ketchup
d) Bubble Tea

197 **Knöterich Pastillen schmeckten vor allem nach ...?**

a) Lakritz
b) Glühwein
c) Vanille
d) Kümmel

1c) *Saturday Night Fever*

Der Tanzfilm entführt die Zuschauer in die Welt der Discomusik, in eine Zeit, in der sich Jugendliche und junge Erwachsene samstagabends aufmachten, um die Nacht in den Diskotheken durchzutanzen. Für viele war solch ein Abend das Highlight der Woche. So auch für Tony Manero (John Travolta), der abseits von Glitzer und Glamour ein tristes Dasein führte. Den Soundtrack steuerten die Bee Gees bei, die mit ihren Songs zu den Stars der Disco-Ära aufstiegen.

2a) Ziggy Stardust

Wenn David Bowie (* 1947) als Ziggy Stardust auf der Bühne auftrat, war man sich nie so ganz sicher, ob man es nun mit einer Frau oder einem Mann zu tun hatte. Auffällige Schminke, Glitzersteine auf der hautengen Kleidung und bunt gefärbtes Haar verliehen dem Sänger ein androgynes Aussehen. In den 70ern entstanden Hits wie *Fame*, *Life on Mars* und eben das Konzeptalbum *The Rise and Fall of Ziggy Stardust and the Spiders from Mars.* In den vergangenen Jahren ist es ruhiger um David Bowie geworden, die Glam-Rock-Zeiten sind Geschichte.

Saturday Night Fever mit John Travolta

3d) Vivienne Westwood

1974 entschieden sich die Sex Pistols, Malcolm McLaren (1946–2010) zu ihrem neuen Manager zu ernennen. Der Künstler hatte drei Jahre zuvor mit seiner damaligen Ehefrau Vivienne Westwood (* 1941) ihr erstes Modegeschäft eröffnet, das noch unter dem Namen „Let it rock at Paradise Garage" lief. Die Queen of Punk und die Sex Pistols waren eins auf keinen Fall: langweilig. Die Gruppe rund um den Bassisten Sid Viscous (1957–79) ließ es regelmäßig krachen – nicht nur, als sie der Queen 1977 zum Geburtstag ein unverschämtes Ständchen sangen (*God Save The Queen*).

4c) *Kinderarzt Dr. Fröhlich*

Seinen bürgerlichen Namen legte Gerhard Höllerich 1964 ab, um fortan unter dem Namen Roy Black als Schlagersänger Karriere zu machen. Die Single *Ganz in Weiß* (1966) bedeutete seinen Durchbruch. Der Künstler mit der adretten Frisur und dem charmanten Lächeln wurde der neue Liebling der Nation. Seinen Status als Traum aller Schwiegermütter untermauerte er mit Hits wie *Schön ist es auf der Welt zu sein* (1971). Auch als Schauspieler ist Roy Black mit Filmen wie *Immer Ärger mit den Paukern* (1968), *Kinderarzt Dr. Fröhlich* (1972) und der Serie *Ein Schloss am Wörthersee* (1990–92) in Erinnerung geblieben.

Roy Black

5a) Querflöte

Die Band Jethro Tull überrascht auf der Bühne immer wieder mit ungewöhnlichen Musikinstrumenten. Bandleader Ian Anderson (* 1947) greift gern zur Querflöte, Mandoline oder auch mal zur Tin Whistle, einer typisch britischen Flöte. Unterstützt durch Keyboard, Bass, Schlagzeug und Gitarre entstand u. a. das Konzeptalbum *Aqualung* (1971), auf dem auch die Hitauskopplung *Locomotive Breath* zu finden ist. Das Album zeichnet sich durch Kompositionen auf höchstem Niveau aus.

6b) Freddie Mercury

Was viele nicht wissen: Freddie Mercury (1946–91) war nicht nur Frontmann der Band Queen, sondern sang auch mit Opernstars wie Montserrat Caballé (* 1933). Gemeinsam nahmen sie das Lied *Barcelona* (1987) auf, das in Großbritannien bis auf Platz 2 der Charts kletterte. Mit Queen verkaufte der exzentrische Sänger Millionen Schallplatten und CDs. Zu den Highlights der Bandgeschichte zählen *Bohemian Rhapsody* (1975), *We Will Rock You* (1977) und *Another One Bites the Dust* (1980).

7d) *The First, the last, my Everything*

Soul lag in der Stimme von Barry White (1944–2003). Mit seinen gefühlvollen Schmusesongs wurde er weltweit zum Lieblingssänger zahlreicher Pärchen. *Just another way to say I love you* (1975) und *Me and Mrs. Jones* (1976) sind nur zwei seiner unzähligen Liebeslieder. Liebevoll wurde er mit dem Spitznamen „Mr. Love" versehen. Wegen seines Schwergewichts wurde daraus auch schnell mal „The Walrus of Love". Für die Gruppe Love Unlimited übernahm White die Textkompositionen und Arrangements.

8b) Bob Dylan

Nachdem sich die Beatles 1970 aufgelöst hatten, startete John Lennon (1940–80), begleitet von seiner Ehefrau Yoko Ono (* 1933), eine Solokarriere. Sein erstes Album (*John Lennon/Plastic Ono Band*, 1970) war ein sehr persönliches Album. Beeinflusst durch die Urschrei-Therapie des Psychologen Arthur Janov verarbeitete er darin viele private Gefühle. Das Nachfolgealbum, *Imagine* (1971), gilt als eins seiner besten. Für die Aufnahmen lud er sich u. a. seinen ehemaligen Weggefährten George Harrison (1943–2001) ins Studio. In der gleichnamigen Single träumte der Friedensaktivist von einer gerechteren und harmonischeren Welt.

9d) Jimmy Page

Mit *Stairway to Heaven* (1971), das nie als Single ausgekoppelt wurde, setzten sich Led Zeppelin ein musikalisches Denkmal. Unerreicht in der Musikgeschichte ist das Gitarrensolo von Jimmy Page (* 1944) am Ende des Stücks. In Fachkreisen zählt der Brite, der u. a. Ehrenbürger von Rio de Janeiro ist, neben Jimi Hendrix (1942–70) und Eric Clapton (* 1945) zu den besten Gitarristen des vergangenen Jahrhunderts.

10c) Rastafari-Bewegung

Die Glaubensrichtung ist in Jamaika stark vertreten. Sie verbreitet die Ansicht, dass Haile Selassie I. (1892–1975), der 1974 als letzter Kaiser von Äthiopien abdanken musste, Gottstatus besitzt. Bekanntester Anhänger der Rastafari-Bewegung war Bob Marley (1945–81), der sich auch optisch zu der Religion bekannte. Dreadlocks und ungeschnittene Bärte gelten als typisches Erkennungsmerkmal. Marley repräsentierte wie kein anderer die Lässigkeit des Reggae-Sounds. *I Shot the Sheriff* (1973) sowie *No Woman, No Cry* (1975) werden heute noch weltweit von Radiostationen rauf und runter gespielt.

11a) E-Street-Band

Bruce Springsteen (* 1949) hat unzählige Auszeichnungen bekommen. „The Boss" gewann u. a. einige Emmys und darf zwei Golden Globe Awards sein Eigen nennen. Für seinen Filmsong *Streets of Philadelphia* wurde er gar mit einem Oscar ausgezeichnet. Soziale Missstände und vom Schicksal gebeutelte Menschen und ihre Geschichten finden häufig Eingang in Springsteens Stücke. Stets begleitet wird er von der E-Street-Band, die zwischen 1989 und 1995 eine musikalische Pause einlegten.

12c) Václav Havel

Frank Zappa (1940–93) war vor allem für seine beeindruckenden Bühnenshows bekannt. Diese strotzten nur so vor genialen Einfällen und dramaturgischer Finesse. Auch seine Texte, die öfter als nicht jugendfrei eingestuft wurden, zeichneten sich durch einen satirischen Stil aus. Auffällig war seine markante Stimme, mit der er Lieder wie *Joe's Garage* (1979) und *Bobby Brown* (1980) interpretierte. Zappa engagierte sich nicht nur in seinem Heimatland politisch.

13d) Veronika Fischer

Die Deutsche ist eine ausgebildete Sängerin. Sie machte an der Dresdner Musikschule Carl Maria von Weber ihr Staatsexamen in den Bereichen Solistin für Chanson und Musical. Als Veronika Fischer & Band tourte sie in den 70ern erfolgreich durch die DDR. Wichtiger musikalischer Partner war in der Zeit der Komponist Franz Bartzsch (1947–2010). Dieser verließ jedoch 1977 mit seinen Kollegen Veronika Fischer und gründete die Band 4 PS. Die Musikerin fand eine neue Band, die u. a. aus Thomas Natschinski (* 1947) bestand. Mit *Hänschen groß* (1976) konnte sie an den Erfolg von *In jener Nacht* (1975) nahtlos anknüpfen.

14a) Fledermaus

Seit jeher hält sich das Gerücht, dass Ozzy Osbourne (* 1948) während eines Konzertes mit seiner Band Black Sabbath einer Fledermaus den Kopf abgebissen haben soll. Ozzy Osbourne behauptete stets, dass es sich bei dem Vorfall um ein Versehen gehandelt habe. Er habe gedacht, das Tier sei nicht echt, sondern eine Spielzeugattrappe. Abseits des Vorfalls machten Black Sabbath durch *Paranoid* (1970) und *Iron Man* (1971) auf sich aufmerksam.

15c) **Macht kaputt, was euch kaputt macht.**

Bekannt und beliebt bei Anhängern der linken Szene war in den 70ern die Formation Ton Steine Scherben, der Rio Reiser (1950–96) vorstand. Ihre Songtitel und Texte nahmen sich viele Anhänger zum Vorbild und lebten danach. Oft ging es bei den Konzerten der Band, besonders in den Anfangsjahren, tumultartig zu. 1982 stieß Claudia Roth (* 1955) als neue Managerin zur Band.

16b) ***Invisible Touch***

Lange bevor Phil Collins (* 1951) bei Genesis vom Schlagzeug ans Mikrofon wechselte, war Peter Gabriel (* 1950) innerhalb der Band für den Gesang zuständig. Erst als dieser die Gruppe 1975 verließ, trat Collins ins Rampenlicht. Im Laufe der Jahre verließ die Band die Progressiv-Rock-Schiene und schrieb rockige Stücke, die mainstreamtauglicher wurden. Bevor sich Collins 1996 von Genesis trennte, hatte er solo bereits Hitsingles wie *In the Air Tonight* (1981) veröffentlicht. 2007 taten sich Collins, Tony Banks und Mike Rutherford für eine kurze weltweite Comebacktournee wieder zusammen.

Mike Rutherford, Phil Collins, Tony Banks

17b) **Psychedelic Rock**

Bis zu seinem Rückzug von Pink Floyd im Jahr 1968 hatte Syd Barrett (1946–2006) den Stil der Gruppe maßgeblich beeinflusst. Die Band verfasste hauptsächlich psychedelisch angehauchte Stücke. Barrett musste Pink Floyd jedoch aufgrund seiner Drogenprobleme und seines zunehmenden Realitätsverlustes vier Jahre nach der Gründung wieder verlassen. Seinen Platz als Gitarrist übernahm David Gilmour (* 1946). Roger Waters (* 1943) widmete seinem ehemaligen guten Freund die Lieder *Wish You Were Here* (1975) und *Shine On You Crazy Diamond* (1975).

18c) Autobahn

Mit ihrem minimalistischen Elektrosound und dem schlichten Sprechgesang begeisterten Kraftwerk selbst Musikliebhaber im Ausland. Autobahn (1974) erklomm im Nu die US-amerikanischen und britischen Charts. Ihr Synth-Pop stand in den 70ern im krassen Gegensatz zur Discowelle und Schlagermusik. *Das Model* (1978) wurde ebenfalls erfolgreich.

19d) Geschwister

1973 gründeten die Brüder Angus und Malcom Young die Band AC/DC. Unterstützt wurden sie damals von Dave Evans, Larry Van Kriedt und Colin Burgess. Zu einem typischen Erkennungszeichen von Angus Young wurde seine Schuluniform, die er eigentlich bei fast jedem Konzert trägt. Seine unnachahmliche Manier, auf einem Bein zu robben und dabei Gitarre zu spielen (Duckwalk), schaute er sich bei Chuck Berry (* 1926) ab. Der wohl bekannteste Song von AC/CD ist *Highway to Hell* aus dem Jahr 1979.

20b) *Mamma Mia!*

Es gab in den 70ern fast kein Jahr, in dem nicht mindestens ein Lied von ABBA in den Charts geführt wurde. 1974 war es *Waterloo*, 1975 *Mamma Mia*, 1976 *Dancing Queen* und 1977 *Take a Chance on Me*. Mit Waterloo hatten die Schweden den Eurovision Song Contest gewonnen, von da an ging es mit ihrer Karriere steil bergauf. Stets traten Anni-Frid, Agnetha, Björn und Benny in bunten und ausgefallenen Kostümen auf. Sie sind auch heute noch eine der kommerziell erfolgreichsten Bands in der Musikgeschichte. 1982 lösten sich ABBA auf.

Angus Young

21a) Andy

Die Bee Gees waren unverkennbar an ihren hohen Stimmen und dem Discosound zu erkennen. Ihre Lieder sind inzwischen Kult. Dabei sah es einige Zeit so aus, als ob es mit der Karriere zu Ende war, bevor sie überhaupt begonnen hatte. 1969 löste sich die Band, die zu Beginn noch aus zwei weiteren Mitgliedern bestanden hatte, nach einem Zwist unter den Brüdern auf. Doch schon ein Jahr später ging es mit Maurice, Robin und Barry Gibb weiter. Mit *Stayin' Alive, How Deep Is Your Love* und *Night Fever* hatten sie gleich drei Hits in Folge.

22a) *Am Fenster*

City war eine der angesagtesten Bands in der ehemaligen DDR. Ihr 1977 veröffentlichter Titel *Am Fenster* beruht auf einem Gedicht von Hildegard Maria Rauchfuß (1918–2000). Die Plattenbosse waren zunächst nicht von dem Lied überzeugt, da es mit einer Spielzeit von rund sieben Minuten deutlich Überlänge aufwies und Geigen nicht gerade als mainstreamtauglich galten. Das Stück wurde jedoch so erfolgreich, dass es City gestattet war, Konzerte in Westdeutschland zu geben. Dank griechischer Gastarbeiter avancierte *Am Fenster* auch in deren Heimat zu einem großen Erfolg.

23d) Mowtown

Diana Ross (* 1944) kann nicht nur singen, sondern auch schauspielern. 1972 wurde sie für ihre Rolle in dem Film *Lady Sings the Blues* für einen Oscar nominiert. Nach ihrer erfolgreichen Zeit bei den Supremes (*You Can't Hurry Love, You Keep Me Hangin' On*) startete Ross eine beachtliche Solokarriere. Zwischen 1970 und 1981 belegte sie sechsmal, u. a. mit *Ain't No Mountain High Enough* und *Upside Down*, den 1. Platz in den US-amerikanischen Charts.

24b) Ramones

Obwohl alle Bandmitglieder den Nachnamen Ramone trugen, waren sie keinesfalls miteinander verwandt. Stattdessen hatten sie einheitlich ihren bürgerlichen Familiennamen durch diesen ersetzt. Während der Gründungszeit (1974) zunächst nur zu dritt suchten sich die Ramones bald ein viertes Mitglied. Die Punkrocker veröffentlichten 1976 ihr Debütalbum, das sie schlicht nach dem Bandnamen benannten. Innerhalb der Gruppe kam es immer wieder zu Streitereien, die sich häufig um Politik und die Qualität der Songs drehten.

25b) Hotel Atlantic Kempinski

Für einige ist es nuschelnder Sprechgesang, für andere Texte mit Sinn und Verstand. Udo Lindenberg (* 1946) verstand es in den 70ern, sich seinen Weg innerhalb der vorherrschenden Schlagermusik zu bahnen. Zusammen mit dem Panik-Orchester komponierte er meist Lieder mit zeitkritischem Hintergrund. 2011 veröffentlichte er ein viel beachtetes Unplugged-Album, für das er bekannte Stücke wie *Ein Herz kann man nicht reparieren* (Inga Humpe), *Cello* (Clueso) sowie *Reeperbahn* (Jan Delay) mit Gaststars neu einspielte. Darüber hinaus ist Lindenberg als Künstler aktiv. Auf seinen Liedern basiert das Musical *Hinterm Horizont*.

26c) Happy Sound

Leicht und beschwingt, mit einem Hauch Swing – so könnte man den Sound von James Last (* 1929) und seinem Orchester beschreiben. Mit seinem Happy Sound versetzte der deutsche Bandleader nicht nur die Bundesrepublik in gute Laune. Er gab weltweit Konzerte und verkaufte Millionen Tonträger. 1978 z. B. trat er in der britischen Royal Albert Hall auf. Last bewegt sich nicht nur im Bereich der Tanzmusik und des Jazz, sondern auch im Musicalbereich. 1969 arrangierte er die Lieder aus dem Musical *Hair* neu.

27b) Frank Schöbel

Frank Schöbel war einer der bekanntesten Schlagerstars in der DDR. Die Jungen wollten so sein wie er, die Mädchen waren von dem Sänger ganz hingerissen. 1967 und 1969 gewann Schöbel den Schlagerwettbewerb der DDR. Mit *Wie ein Stern* (1971) katapultierte er sich in Ost und West in die oberen Ränge der Hitparaden. Er durfte als erster Schlagersänger im Westen Konzerte geben. Fünfmal wurde er mit dem Publikumspreis Fernsehliebling geehrt.

28a) *Die Legende von Paul und Paula*

Angelica Domröse (* 1941) und Winfried Glatzeder (* 1945) übernahmen in dem Drama *Die Legende von Paul und Paula* (1973) die Hauptrollen. Der Film entwickelte sich zu einem Kassenschlager. Für die Puhdys, die den Soundtrack (*Wenn ein Mensch lebt* und *Geh zu ihr*) zum Film beigesteuert hatten, bedeutete der Streifen den Durchbruch. Mit *Lebenszeit* (1976), *Erinnerung* (1977) sowie *Doch die Gitter schweigen* (1979) landete die Rockband in der DDR jeweils an der Spitze der Charts. Die Puhdys wurden 1982 mit dem Nationalpreis der DDR ausgezeichnet.

FILM UND FERNSEHEN

29) Paul Trimmel

Dargestellt wurde der erste *Tatort*-Kommissar von Walter Richter (1905–85); die erste Folge hieß *Taxi nach Leipzig*. Trimmel, der in Hamburg ermittelte, wurde überwiegend als mürrisch und cholerisch dargestellt. Er hatte aber auch eine liebevolle Seite. Die Figur basiert auf den Romanen von Friedhelm Werremeier (* 1930). Zu einem der bekanntesten Ermittler der sonntäglichen Sendung avancierte Götz George alias Horst Schimanski (1981–91).

30) *Polizeiruf 110*

Der Deutsche Fernsehfunk strahlte ab 1971 die Krimireihe aus, die ab 1993 von einzelnen Anstalten der ARD übernommen wurde. Als erster Ermittler wurde die Figur des Hauptmann Fuchs eingeführt. Peter Borgelt (1927–94) schlüpfte in die Rolle des Detektivs.

31d) *Auf Achse*

Manfred Krug (* 1937), der in der DDR auch als Jazz-Musiker große Erfolge feierte, ging mit Rüdiger Kirschstein (* 1941) im Jahr 1977 erstmalig *Auf Achse*. Als Brummifahrer Franz und Günther bereisten die beiden fremde Länder und erlebten auf ihren Touren so manch waghalsiges Abenteuer.

32b) Grün

Moderiert wurde die *Sendung mit der Maus* zunächst nur von Armin Freiwald (* 1940), der das Format 1971 mit drei Kollegen unter dem Titel *Lach- und Sachgeschichten für Fernsehanfänger* gegründet hatte. Die titelgebende Maus gestaltete die Künstlerin Isolde Schmitt-Menzel (* 1930). Seit 1983 wird er von Christoph Biermann (* 1952) unterstützt, den Millionen Kinder immer an seinem grünen Pullover und dem Schnauzbart erkennen. Ralph Caspers (* 1972) gesellte sich 1999 zum Duo. Ziel der Sendung ist es, Kindern sachgerecht und auf lustige Weise Informationen zu vermitteln.

33d) Arme Ritter

Dustin Hoffman (* 1937) zählt zu den profiliertesten Charakterdarstellern seiner Generation. Sein großes Schauspieltalent bewies er 1979 in dem Drama *Kramer gegen Kramer*. Darin spielt er den Werbekaufmann Ted Kramer, der durch seinen Job vollkommen ausgelastet ist. Er wird plötzlich damit konfrontiert, dass ihn seine Frau Joanna (Meryl Streep) verlassen will. Nachdem sich Ted daran gewöhnt hat, die Erziehung seines Sohnes allein zu regeln, muss er jedoch erfahren, dass Joanna das Sorgerecht möchte. Es kommt zum erbitterten Rechtsstreit. Hoffman und Streep erhielten je einen Oscar. Das Drehbuch, der Film und die Regie wurden ebenfalls ausgezeichnet.

34a) Dietmar Schönherr

Je später der Abend wurde ab 1973 im WDR ausgestrahlt. Hansjürgen Rosenbauer übernahm 1975 die Moderation von Dietmar Schönherr. Ab 1976 führte Reinhard Münchenhagen durch die 60-minütige Sendung. Zwei Jahre später wurde die Talkshow eingestellt.

35d) Erich Segal

Love Story entwickelte sich zu einem der traurigsten Filme in den 70ern. Oliver (Ryan O'Neal), Sohn einer wohlhabenden Familie, und Jennifer (Ali McGraw), die aus der Mittelschicht stammt, verlieben sich trotz der gesellschaftlichen Unterschiede ineinander. Das junge Glück erfährt jedoch nach kurzer Zeit einen Dämpfer, als Jennifer an Leukämie erkrankt und am Ende des Films stirbt. Der französische Komponist Francis Lai (* 1932) steuerte die ergreifende Titelmelodie bei. 1978 entstand mit Ryan O'Neal und Candice Bergen die wenig erfolgreiche Fortsetzung.

36b) *Monty Python's Flying Circus*

Die 1969 gegründete britische Comedy-Truppe Monty Python bestand aus Graham Chapman, John Cleese, Terry Gilliam, Eric Idle, Terry Jones und Michael Palin. Für die BBC führten die Komiker zwischen 1969 und 1974 in der Serie *Monty Python's Flying Circus* zahlreiche Sketche auf, welche die Gesellschaft und ihre Persönlichkeiten aufs Korn nahm. Auch vor Politikern, Polizisten und Richtern machte die Truppe keinen Halt. Um den britischen Humor nicht zu verfälschen, wurden die Folgen bei der deutschen Erstausstrahlung nicht synchronisiert.

37a) Indianer

Gojko Mitić (* 1940) war auf die Figur des tapferen Indianers abonniert. Der „Winnetou des Ostens" spielte in DEFA-Filmen wie *Osceola* (1971), *Tecumseh* (1972), *Apachen* (1973) sowie *Ulzana* (1974) stets den stolzen Krieger. Generell war Mitić äußerst produktiv. Er drehte bis Mitte der 70er pro Jahr mindestens einen Film. Die Rolle des bekanntesten Indianers, Winnetou, war aber nie dabei. Diese übernahm er erst 1992 als Nachfolger von Pierre Brice (* 1929) bei den Karl-Mai-Festspielen in Bad Segeberg. 2006 wurde Mitić mit der Goldenen Henne prämiert.

Gojko Mitić neben einem Foto, welches ihn als Indianer zeigt.

38d) Ingalls

Die zwischen 1974 und 1983 produzierte Serie *Unsere kleine* Farm basiert in einigen Punkten auf den Erinnerungen und Büchern von Laura Ingalls. Sie lieh der Familie rund um Charles (Michael London), Caroline (Karen Grassle), Laura (Melissa Gilbert) und Mary (Melissa Sue Anderson) auch ihren Namen. In den neun Staffeln wird das Leben einer Farmersfamilie am Ende des 19. Jahrhunderts in Minnesota gezeigt. Soziale Themen wie Fremdenfeindlichkeit und Intoleranz standen meist im Mittelpunkt der Serie.

39b) Wum

Seinen ersten Auftritt hatte Wum in der von Wim Thoelke (1927–95) moderierten Sendung *Drei mal Neun*. Dort sprach der Moderator zum ersten Mal mit dem von Loriot gezeichneten und gesprochenen Hund. Dank einer Zuschauerumfrage bekam die zunächst unbetitelte Zeichentrickfigur, die meistens nach der Hälfte der Sendung auftauchte, einen Namen. In *Der Große Preis* (1974–93, 2002–03), der Nachfolgesendung, gesellte sich der Elefant Wendelin dazu.

40d) Lolli

Telly Savalas (1922–94) strahlte in der Kriminserie *Kojak* (1973–78) stets eine unnachahmliche Lässigkeit aus. Trotz Mord und Totschlag ließ Kojak nie den nötigen Humor vermissen. Um die Täter dingfest zu machen, übersah er schon das ein oder andere Mal die Regeln des Gesetzes. Unterstützt wurde er von Captain Frank McNeil sowie den Detectives Bobby Crocker und Stavros. Kojaks Lieblingssprüche wie „Is' es wahr?" oder „Entzückend, Baby!" wurden auch in Deutschland zu geflügelten Ausdrücken.

41b) Kartoffel

Vielen Deutschen ist die Szene, in welcher der „Seewolf" Wolf Larsen (Raimund Harmstorf) vor den Augen Humphrey van Weydens (Edward Meeks) eine angeblich ungekochte Kartoffel zerquetscht, noch gut in Erinnerung. Schließlich erwies sich der Vierteiler 1971 als ein wahrer Straßenfeger. Die gekürzte Kinofassung hingegen, die ihr Hauptaugenmerk auf die Actionsequenzen legte, lockte kaum Besucher in die Vorstellungen.

42b) Herr Nilsson

Ihr Image als Pippi Langstrumpf sollte Inger Nilsson (* 1959) in den Folgejahren nicht mehr loswerden. Die Schwedin wird für immer mit dem rothaarigen aufmüpfigen Mädchen in Verbindung gebracht werden. Mit zehn Jahren verkörperte sie zum ersten Mal die kleine Pippi, die mit einem Affen und einem Pferd in der Villa Kunterbunt lebt. In Deutschland wurde die schwedische Serie *Pippi Langstrumpf* zunächst nicht als solches gezeigt, sondern zu mehreren Langfilmen zusammengeschnitten (*Pippi Langstrumpf, Pippi geht von Bord, Pippi in Taka-Tuka-Land, Pippi außer Rand und Band*).

43c) Iris Berben

Als schlüpfrig und unanständig wurden die Verfilmungen der Untersuchung *Schulmädchen-Report* (1970) kritisiert. Der Schriftsteller Günther Hunold (* 1926) hatte für den Report zwölf Mädchen im Alter von 14 bis 20 befragt. Das Buch zog juristische Folgen nach sich: Hunold sollte als Zeuge in einem Prozess aussagen, in dem gegen unbekannt wegen Verdachts der Unzucht mit Minderjährigen ermittelt wurde. Die Mädchen hatten offen über Liebe und Sexualität gesprochen. Hunold nahm dazu keine Stellung und musste ein Bußgeld von 500 DM zahlen. Insgesamt wurden in der Reihe *Schulmädchen-Report* 13 Filme produziert.

44d) Vietnamkrieg

Francis Ford Coppola (* 1939) schickte 1979 Martin Sheen (* 1940), Marlon Brando (1924–2004) und Robert DuVall (* 1931) in den Dschungel der Philippinen und der Dominikanischen Republik, um dort *Apocalypse Now* zu drehen. Der oscarprämierte Streifen gilt als einer der besten Kriegsfilme. Er zeigt, wie sehr der Krieg einen Menschen verändern kann.

45a) Der schreckliche Sven

Kurz einmal unter und neben der Nase gerieben, schon kam Wickie die passende Idee für das Problem. Begleitet von einem ausgestreckten Zeigefinger, eingeblendeten Sternen und dem Ausruf „Ich hab's!" verkündete der tapfere Wikingerjunge der Mannschaft sogleich seinen tollen Plan. Dabei setzte Wickie nicht auf Muskelkraft, sondern auf logisches Denken.

46) „Das war spitze!"

Acht prominente Gäste, die jeweils als Duo an den Start gingen, erspielten in der von Hans Rosenthal moderierten Sendung *Dalli Dalli* (1971–86) Geld für einen guten Zweck. Die erspielten Punktestände wurden zum Schluss zusammengezählt und gegen DM ausgetauscht. Der Erlös ging jeweils an eine Familie, die in finanzielle Schwierigkeiten geraten war. Die ersten beiden Spielrunden bestanden aus einem Wort- und einem Aktionsspiel. Die Zeit war immer knapp bemessen. Im Spiel um Platz 1 mussten Fehler in einem Theaterstück erkannt werden.

47) Alfred Biolek

1974–79 lud Rudi Carrell zu seiner Quizsendung *Am laufenden Band* ein. Der Gewinn innerhalb der Show richtete sich danach, wie gut der Kandidat sich die Produkte merken konnte, die auf einem Fließband an ihm vorbeifuhren. Ein Preis war den meisten Kandidaten gewiss: Das kategorische Fragezeichen, hinter dem sich eine Überraschung verbarg, konnte sich jeder leicht merken.

Rudi Carrell

48d) Goldene Henne

Helga Hahnemann (1937–91) wurde als Entertainerin und Kabarettistin wie keine Zweite in der DDR gefeiert. Sie führte u. a. durch die Sendung *Ein Kessel Buntes*, in der Lustspiel-Reihe *Maxe Baumann* (1976–82) mimte sie die Erna Mischke. Auch als Sängerin machte sie sich einen Namen. Ihr Schlager *Wo ist mein Jeld bloß geblieben?* avancierte zum Ohrwurm. Die Auszeichnung „Goldene Henne" wird seit 1995 in verschiedenen Kategorien vergeben. Die Leser der *Superillu* sowie die Zuschauer des MDR bestimmen die Preisträger.

49a) Reis

Fester Bestandteil bei dem Film *Rocky Horror Picture Show* und dem Musical ist das Werfen mit Reis während der Hochzeitsszene. Darüber hinaus gibt es viele weitere Rituale. Während der Gewitterszene z. B. stülpt der Zuschauer sich eine Zeitung über das Haupt.

50b) Dune Buggy
Fressgelage, Schlägereien, markige Sprüche – aus diesen drei Teilen bestanden im Wesentlichen die Filme von Carlo Pedersoli (* 1929) und Mario Girotti (* 1939) alias Bud Spencer & Terence Hill. Ihre Haudrauffilme (*Die rechte und die linke Hand des Teufels, Zwei außer Rand und Band, Das Krokodil und sein Nilpferd*) sind längst auch bei der jüngeren Generation Kult.

51) John Williams
Der Name Steven Spielberg (* 1946) ist eng verknüpft mit dem Genre Blockbuster-Filme. Auf *Der weiße Hai* (1975) folgten u. a. *Jäger des verlorenen Schatzes* (1981), *E.T. – Der Außerirdische* (1982) und *Jurassic Park* (1993). Die Erlebnisse in *Der Weiße Hai* beruhen auf Haiangriffen, die 1916 mehrere Menschen das Leben kosteten. Es entstanden einige Fortsetzungen, bei denen aber Spielberg nicht mehr Regie führte.

52) Frank Sinatra
„Ich mache ihm ein Angebot, das er nicht ablehnen kann." Kein Zitat aus *Der Pate* (1972) wird häufiger benutzt, als das von Vito Don Corleone (Marlon Brando) gegenüber seinem Geschäftspartner. Frank Sinatra (1915–88) hatte das Gefühl, dass in dem Film auf das Gerücht angespielt wurde, dass er sich mithilfe von Mafiafreunden die Rolle in dem Streifen *Verdammt in alle Ewigkeit* (1953) verschafft habe. Er versuchte die Produktion aufzuhalten. Die Fortsetzungen kamen 1974 und 1990 ins Kino.

Bud Spencer und Terence Hill in *Zwei Missionare*

53a) Apollo Creed

Obwohl Sylvester Stallone (* 1946) das Drehbuch zum Boxerfilm Rocky (1976) selbst verfasst hatte, sollte er zunächst nicht die Hauptrolle spielen. Die Produzenten wollten lieber die populäreren Schauspieler James Caan (* 1940) oder Ryan O'Neal (* 1941) in der Rolle des Rocky Balboa sehen. Nach zähen Verhandlungen konnte sich der zu dem Zeitpunkt wenig bekannte Mime durchsetzen. Mit der Wirkung des Films hatte zuvor niemand gerechnet. Nicht nur kommerziell wurde *Rocky* zu einem Erfolg, er konnte je eine Oscarstatue als bester Film, als bester Schnitt und als beste Regie für sich verbuchen.

54d) Lando Calrissian

Eins kann man mit Fug und Recht behaupten: *Star Wars* ist Kult! „Möge die Macht mit dir sein", „Luke, ich bin dein Vater" – es gibt unzählige Filme, in denen auf die beiden berühmtesten Zitate der Reihe angespielt wird. 1976, 1980, 1983 entstanden die ersten drei *Star-Wars*-Filme, die inhaltlich aber inzwischen die Episoden IV, V und VI darstellen. Die Hauptrollen übernahmen Mark Hamill (Luke Skywalker), Harrison Ford (Han Solo) und Carrie Fisher (Prinzessin Leia). Die Vorgeschichte, wie aus Anakin Skywalker Darth Vader werden konnte, wird in den zwischen 1999 und 2005 produzierten Episoden I–III erzählt.

55b) Southfork Ranch

Er ist einer der bekanntesten TV-Bösewichte: J. R. Ewing (Larry Hagman). Skrupellos verfolgte er in der Serie *Dallas* (1978–91) seine Ziele, die oft mit dem Ölgeschäft seiner Familie zu tun hatten. Für große Aufregung sorgte die neunte Staffel. Patrick Duffy (Bobby) war kurz zuvor aus der Serie ausgestiegen. Seine Figur starb den Serientod. Da sich Duffys Kinokarriere jedoch nicht zu seiner Zufriedenheit entwickelte, kehrte er zu *Dallas* zurück. Die neunte Staffel wurde einfach als ein Traum seiner Ehefrau Pamela dargestellt. Am 13. Juni 2012 startet die Serie in eine neue Runde. In *Dallas* (2012) übernehmen Hagman und Duffy wieder die Hauptrollen.

56c) Haarnetz
Im sogenannten Haarnetz-Erlass von 1971 wurde es den Kadetten erlaubt, langes Haar zu tragen. Der damalige Verteidigungsminister Helmut Schmidt hatte den Erlass initiiert. Zuvor war es den Soldaten ausdrücklich verboten gewesen, schulterlanges Haar zu tragen.

57d) Koteletten
Die Backenbärte haben eine lange Tradition. Schon im 19. Jahrhundert, besonders während des amerikanischen Sezessionskriegs (1861–65), trug sie fast jeder Mann. Die seitlich an den Wangen gewachsenen Koteletten werden in den USA als „sideburns" bezeichnet. Der Begriff geht vermutlich auf den General Ambrose Burnside (1821–81) zurück, der den Gesichtsschmuck in voller Pracht trug. Seine Koteletten waren nicht, wie es heute üblich ist, brav gestutzt, sondern er ließ sie wie einen Vollbart kräftig wachsen. Bekannter deutscher Kotelettenträger war Kaiser Wilhelm I. (1797–1888).

58a) Mary Quant
Obwohl Mary Quant (* 1934) den Minirock bereits 1962 erfunden hatte, konnte er sich in Deutschland zu Beginn der 70er immer noch nicht von seinem offenherzigen Image komplett lösen. In zahlreichen Städten kam es zu Demonstrationen von Befürwortern der Minimode, als die Modeindustrie die Kleidungsstücke wegen ihrer Freizügigkeit aus dem Programm nehmen wollte. Der Minirock, der in manchen Fällen nur knapp die Oberschenkel bedeckt, konnte sich im Laufe der Jahre etablieren und wurde gesellschaftsfähig. Mary Quant wurde 1966 für ihre Kreation von der Queen mit dem Order of British Empire ausgezeichnet.

59c) grüner Parka

Unter Schülern und Studenten mutierte der schlichte grüne Parka in den 70ern zu einem kleinen Modehit. Trugen anfänglich nur sogenannte Ökos den weiten praktischen Mantel, schwappte die Welle bald auf sämtliche Jungen und Mädchen über. Die Parkas erinnerten oft an die Ausrüstung der Bundeswehr und werden heute noch gern in der Punk-Szene getragen.

60b) Plateauschuhe

Die Schuhe, die in den 70ern bei Männer und Frauen gleichermaßen angesagt waren, erhielten ihren Namen dank des auffälligen Absatzes. Der Plateu (frz. für Hochfläche) ist in vielen Fällen mehrere Zentimeter hoch. Die Sohle eines Plateauschuhs kann sowohl eine durchgehende einheitliche Stärke zeigen, einen Keilabsatz, einen separaten Block- oder Stilettoabsatz haben. In den 70ern wurden Plateauschuhe hauptsächlich in der Form von Stiefeln und Stiefeletten getragen – so auch bei Benny und Björn von ABBA.

61a) Schlaghose

Schlaghosen liegen an den Oberschenkeln eng an, ungefähr auf Höhe der Knie laufen die Hosenbeine weit aus. Besonders gern wurden zu der beliebtesten Hosenform in den 70ern hohe Schuhe getragen. Wer in der Schule mit einer Jeans aufkreuzte, hatte stets die volle Aufmerksamkeit seiner Mitschüler. Die Schlaghosen sind in der Modewelt nicht totzukriegen. Immer wieder erlebten sie ein Comeback, zuletzt in der Saison 2011/2012.

62c) Hotpants

Die knappen Höschen waren in den 70ern die konsequente Weiterentwicklung des Minirocks. Shorts enden meist nur knapp über dem Gesäß. Ganz mutig Frauen schneiden sie sogar so kurz, dass sie ihre Pobacken blitzen lassen. Gern werden Hotpants als leichte und bequeme Sommerkleidung am Strand getragen. In den meisten Fällen bestehen die „heißen Hosen" aus Jeansstoff oder Satin. Kreative Modeliebhaber stricken oder häkeln sich ihre Hotpants auch selbst. Erstmals intensiv auf das Kleidungsstück aufmerksam wurde die Öffentlichkeit durch den Film *Teenager lieben heiß* (1975), in dem Gloria Guida (* 1955) die Hotpants mehrfach trug. Kombiniert mit einem langen Mantel und Strumpfhosen wurden die Höschen in den 70ern auch gern im Winter getragen.

63a) Lederhosen mit Kniestrümpfen und Sandalen

Von den Eltern wegen ihrer Robustheit heiß geliebt, von den Kindern nur mit Widerwillen getragen, stellten Lederhosen mit Kniestrümpfen und Sandalen in den 70ern das perfekte Outfit dar. Die Trachtenmode war in der gesamten Bundesrepublik sehr beliebt. Besonders Jungen wurden mit den Lederhosen ausgestattet. Heute ist sie dagegen gänzlich – mit Ausnahme von Bayern – aus den Kleiderschränken der Kinder verschwunden.

64c) gestreifte T-Shirts

So bunt wie in den 70ern ging es in keinem anderen Jahrzehnt zu. Unifarbene T-Shirts waren passé, der Zukunft gehörten bunte, meist gestreifte T-Shirts und Polohemden. Den Farbkombinationen und Mustern waren dabei keine Grenzen gesetzt. Besonders vorherrschend waren die Farben Gelb, Rot, Grün und Orange. Die bunten Oberteile wurden besonders gern von den sogenannten Hippies und von Kindern getragen.

65a) Jassir Arafat

Das meist schwarz-weiß gemusterte Palituch wird in Europa nicht – wie in der arabischen Welt üblich – auf dem Kopf getragen, sondern dient als Schal. Während das „Palästinensertuch" hier als Modeschmuck gilt, wird es in seinem Ursprungsland als Sonnenschutz verwendet. Die Tücher sind meist aus Baumwolle gefertigt, variieren in Arabien aber hinsichtlich Farbe und Muster. Rote, violette oder blaue Streifen und Punkte sind dort keine Seltenheit. Der palästinensische Politiker Jassir Arafat (1929–2004) machte das Palituch, das er während seiner Auftritte im Rahmen des Nahostkonflikts als Markenzeichen ständig trug, in der westlichen Welt bekannt.

66d) feminine Strickmode

Aus einer alltäglichen Not entstand ein erfolgreiches Modeunternehmen. Die Französin Sonia Rykiel (* 1930) suchte vergeblich nach einem hübschen Pullover, den sie während ihrer Schwangerschaft tragen konnte. Da sie jedoch kein passendes Modell fand, ließ sie sich nach ihren Vorstellungen selbst einen Pullover anfertigen, der die Modewelt begeisterte. Fortan kreierte sie feminine Strickware mit auffälligen Streifen. 1968 eröffnete sie ihre erste eigene Boutique.

67b) Nude Look

Haute-Couture-Kleidung, bei der der Schwerpunkt auf handgefertigten Kollektionen aus hochwertigem Material gelegt wird, gehörte zu den Spezialgebieten von Yves Saint Laurent (1936–2008). Der Franzose hob sich mit seinen Kreationen immer wieder von der breiten Masse ab und setzte in der Modewelt neue Maßstäbe. 1967 machte er z. B. den Hosenanzug für Frauen gesellschaftsfähig. Laurent hatte bei Christian Dior (1905–57) gelernt, 1961 machte er sich selbstständig. Sein Nude Look, den er in den 60ern auf den Laufsteg brachte, sorgte für einen Skandal. In den 70ern entwarf Laurent u. a. den Edel-Bäuerinnen-Look.

68a) Pelze

Das besonders in der gehobenen Gesellschaft gern getragene Kleidungsstück ist oft Gegenstand für zahlreiche Diskussionen. Echte Pelze wurden vor Verabschiedung des Washingtoner Artenschutz-Abkommens im Jahr 1975 meistens aus Fellen von Tierarten hergestellt, die vom Aussterben bedroht sind. Chinchillas, Füchse, Nerze und Iltisse werden teilweise extra herangezüchtet, um aus ihren Fellen später Pelze herzustellen.

69d) Maxikleid

Bodenlange Kleider und Mäntel waren in den 70ern genauso beliebt wie ihr optisches Gegenteil, die Minimode. Maxikleider mögen in einigen Augen vielleicht weniger sexy erscheinen, dafür werden sie von Frauen wegen ihrer Bequemlichkeit geliebt. Lange Zeit galten die Kleidungsstücke, die häufig aus leichten Stoffen hergestellt werden, als typische Kleider für den Strand. Inzwischen werden sie, kombiniert mit kurzen Jäckchen, auch gern im Alltag getragen.

70a) Overall

Der Einteiler, der sonst nur von Arbeitern getragen wird („Blaumann"), fand in den 70ern auch Einzug in die Alltagsmode. Optisch aufgepeppt wurde er durch breite Gürtel oder bunte Schals, die ebenfalls um die Hüften gebunden wurden. Entweder bestand der Overall aus Jeansstoff oder aus dünnem Stoff, der bunt bedruckt war. Die Hosenbeine waren ähnlich der Schlaghose unten weit ausgestellt. Der Overall zeigte viel Dekolleté und war oft mit einem breiten Kragen versehen, der nach oben gekrempelt wurde. Der Ganzanzug aus Jeans erlebte besonders Ende der 90er ein Comeback. Bodysuits sind Einteiler, die kurze Hosenbeine aufweisen.

71c) knalliges Orange

Die Neonfarbe bestimmte in den 70ern zahlreiche Bereiche. Nicht nur Hosen, Overalls, T-Shirts und Kunstpelze waren auf einmal orange, sondern auch Radiowecker, Telefone, Lampenschirme, Fliesen und auch Fernseher. Auch in der Küche machte sich die neue Modefarbe breit. Sämtliche Haushaltsgeräte wie Küchenwagen, Toaster, Pürierstäbe oder Handmixer waren fortan in Orange erhältlich, selbst die Küchenfronten an sich konnten in dem Farbton gekauft werden.

72d) Vatermörder

Im 19. Jahrhundert entstand in Frankreich der Vatermörder, ein Stehkragen, der versteift war, nach oben abstand und nicht geschlossen wurde. Im Gegensatz zu heute wurde der Hemdkragen nicht umgeklappt, sondern übers Kinn getragen. Dies führte häufig zu kleineren Verletzungen und Schrammen im Gesicht, wenn die Männer nicht richtig aufgepasst hatten. Die in den 70ern üblichen breiten Hemdkragen wurden nicht unter, sondern über dem Anzug getragen.

73b) Klemmknoten

Lange bevor die Krawatte in Mode kam, trugen Männer entweder Halstücher oder Halsbinden. Als eine der ersten Nationen kannten die Kroaten einen Vorläufer der heutigen Krawatte. Schon frühzeitig wurden die ersten Bücher über das richtige Binden einer Krawatte veröffentlicht. Das Buch *L'art de mettre sa cravate* aus dem Jahr 1827 z. B. stellte gleich 32 unterschiedliche Varianten vor. Zu Beginn waren noch kürzere Formen beliebt, später entwickelten sich die heute üblichen Langbinder. In den 70ern wurde das Ende des Schlips nach unten hin immer breiter.

74c) Dauerwelle

1916 spazierte die erste Frau mit einer Dauerwelle aus dem Frisörsalon. Der deutsche Frisör Karl Nessler (1872–1951) war auf die Idee gekommen, wie er aus glatten Haaren krause Locken machen konnte. Dafür drehte er einzelne Partien vertikal auf mehrere Spiralwickler. Eine gefühlte Ewigkeit mussten die Damen dann unter einer Trockenhaube verbringen, bis sich die Locken bildeten. Inzwischen werden statt der Haube chemische Lösungen für eine Dauerwelle herangezogen. Sie sorgen dafür, dass die Locken lange in Form bleiben.

Die drei Damen aus *Drei Engel für Charlie* machten die Dauerwelle berühmt.

75a) Kaftan

Optisch erinnert ein Kaftan an eine altrömische Tunika. Er ist meist bodenlang und aus einem Stück gefertigt. In der Mitte wird der Kaftan, der gern in den arabischen Ländern getragen wird, manchmal zusammengebunden. Die Ärmel des aus Stoff bestehenden Kleidungsstück nehmen am unteren Ende meist ausladende Formen an. In den 70ern waren Afrikamotive sehr beliebt.

76c) Paul Breitner

Der Afrolook, bei dem die krausen Locken meist zu einem runden, ballähnlichen Schnitt fixiert werden, ist vor allem bei Afroamerikanern beliebt. Bekannte Afroträger waren u. a. Jimi Hendrix (1942–70) und die Bürgerrechtlerin Angela Davis (* 1944). Später begannen auch andere Nationalitäten den Look zu kopieren. So entschied sich der Fußballspieler Paul Breitner (* 1951) in den 70ern, mit den auffälligen Krausen aufzulaufen. Um den Effekt der wilden Haarpracht bei glatten Haaren zu erzielen, werden einzelne Partien auf Lockenwickler oder Papilloten gedreht und trocken geföhnt.

77c) Catsuit

Im Gegensatz zu Overalls schmiegen sich Catsuits eng an den weiblichen Körper. Gern wurden die Einteiler in den 70ern in knalligen Farben getragen. Frauen mit Catsuits in Gold, Rosa, Rot und Silber waren zu der Zeit häufig auf der Tanzflächen zu sehen. Kombiniert wurden die meist glänzenden Einteiler mit ebenfalls glänzenden Plateauschuhen. Das körperbetonte Kleidungsstück wird größtenteils aus Spandex oder Lycra hergestellt, da sich diese Materialien sehr gut dehnen lassen.

78b) Cowboystiefel

In Kombination mit Schlaghosen trugen die Männer in den 70ern gern Cowboystiefel. In den 80ern hingegen wurden sie zum Markenzeichen der Popper. Diese machten die klobigen Schuhe gar discotauglich. Und auch in den vergangenen Jahren erlebten die Boots ein Revival. Inzwischen haben auch Frauen die Cowboystiefel für sich entdeckt. Sie werden gern zusammen mit luftigen knielangen Kleidern oder zu einer Röhrenjeans getragen.

79d) Latzhose und Rollkragenpullover

Sind Latzhosen heutzutage meistens kleinen Kindern vorbehalten, trugen sie in den 70ern Jugendliche und junge Erwachsene gleichermaßen. Oft waren sie aus Cord gefertigt und wurden in verschiedenen Farben wie Rot, Curry oder Braun angeboten. Auch bei den Latzhosen durfte der Schlag nicht fehlen. Dazu wurden häufig unifarbene Rollkragenpullover kombiniert. In den 90ern erlebten die Latzhosen ein kleines Comeback, dieses Mal jedoch in der Jeansvariante. Die Träger wurden entweder lässig hinter dem Po verschlossen oder auch nur über einer Schulter getragen. Besonders unter männlichen Technoanhängern war die Latzhose sehr beliebt. Es war das perfekte Outfit, um in der Disco die Blicke auf sich zu ziehen.

80c) Brille

Puck, die Stubenfliege stammt aus der Kinderserie *Biene Maja* (1976–78). Die Figur zeichnete sich durch ihre auffälligen, kreisrunden und braun gefärbten Augen aus. Viele Brillenmodelle in den 70ern erinnerten optisch an die Fliegenart. Die riesigen Brillengläser ragten oft weit über die Augenpartie hinaus. Heute erinnern häufig noch Sonnenbrillen an solche Modelle.

Puck, die Stubenfliege aus *Biene Maja*

81d) Dreipäpstejahr

Nach dem Tod von Papst Paul VI. am 6. August 1978 musste ein neuer Papst bestimmt werden. Die Wahl fiel auf Albino Luciani, der als Johannes Paul I. das Amt antrat. Doch bereits 33 Tage, nachdem Johannes Paul I. auf den Heiligen Stuhl gelangt war, verstarb auch er. Nachfolger wurde Johannes Paul II. (1920–2005). Um das frühe Ableben von Johannes Paul I. ranken sich zahlreiche Verschwörungstheorien, denn die genaue Todesursache ist nicht bekannt.

82) Mac OS

Das Unternehmen Apple brachte mit dem Apple I einen der ersten Personal Computer heraus. Das Gerät verfügte über eine Tastatur, die einer Schreibmaschine ähnelte. Auf den Markt kam der Computer zunächst nur als Systemplatine, die noch durch ein Gehäuse ergänzt werden musste. Auch die Tastatur und das Netzteil mussten hinzugekauft werden. Angeschlossen wurde die Platine an einen Fernseher.

83) Office

Microsoft mauserte sich von einem Zweimannbetrieb zu einem milliardenschweren Unternehmen. 1975 von Bill Gates und Paul Allen im kleinen Rahmen gegründet, steht die Firma inzwischen unangefochten an der Spitze der Softwarehersteller. Das Office-Paket beinhaltet Anwendungen wie Word, Excel und PowerPoint.

Apple I Computer

84c) Denkmal der Helden des Gettos

Kurz vor Unterzeichnung des Warschauer Vertrags besuchte Willy Brandt (1913–92) das Denkmal im ehemaligen jüdischen Getto. Dort ließ er sich wortlos auf die Knie fallen und verharrte dort ein paar Minuten. Mit der Geste wollte er im Namen aller Deutschen um Verzeihung für die Gräueltaten während des Zweiten Weltkriegs bitten.

85b) Anerkennung der Oder-Neiße-Linie

Mit dem Warschauer Vertrag erkannte die Bundesrepublik die Oder-Neiße-Linie als Westgrenze Polens an. Damit entspannte sich das Verhältnis zwischen den beiden Staaten, das seit dem Zweiten Weltkrieg arg strapaziert gewesen war. Außerdem regelten die beiden Staaten die Rückreisebestimmungen von in Polen ansässigen deutschen Familien. Durch den Vertrag konnte sich Deutschland auch von dem in den Ostblockstaaten vorherrschenden Image befreien, es wolle sich für die vergangene Schmach revanchieren.

86d) Schwarzer September

Der 5. September 1972 versetzte Deutschland in einen Schockzustand. Während der lang vorbereiteten Olympischen Spielen in München drangen acht palästinensische Terroristen in die Unterkunft der israelischen Mannschaft ein, erschossen zwei Teilnehmer und nahmen neun Sportler als Geiseln. Die Gruppe Schwarzer September verlangte, dass 200 Araber in Israel freigelassen werden sollten. Die Gruppierung leitete ihren Namen von dem Aufstand von Rebellen der PLO in Jordanien im September 1970 ab. Beim missglückten Befreiungsversuch der Polizei kamen 17 Personen ums Leben. Das Internationale Olympische Komitee beschloss, trotz Protesten, die Wettkämpfe fortzuführen. Die Gruppe Schwarzer September wurde nach dem Attenat vom israelischen Geheimdienst Mossad zerschlagen.

87b) viermal

Viele Bundesbürger im Westen nutzten 1973 die Chance, einmal sonntags über die Autobahn laufen zu können, ohne Angst haben zu müssen, überfahren zu werden. Einzig Notärzte, Taxifahrer und Fahrer, die Frischware gelagert hatten, waren von dem Fahrverbot ausgenommen. Durch diese Maßnahme sollte Öl gespart werden, das wegen des Jom-Kippur-Kriegs knapp geworden war. Um die Unterstützer Israels unter Druck zu setzen, hatten die OPEC-Staaten die Fördermenge stark reduziert.

88c) *Los Angeles Times*

Richard Nixon (1913–94) war 1968 zum neuen US-Präsidenten gewählt worden. Der Watergate-Skandal, bei dem einige seiner Berater im Watergate-Gebäude seine politischen Gegner, die Demokraten, abgehört hatten, kostete ihn jedoch das Amt. Die beiden Reporter Carl Bernstein (* 1944) und Bob Woodward (* 1943) hatten in der Angelegenheit recherchiert und den Skandal öffentlich gemacht. Nixon trat 1974 zurück und wurde durch seinen Nachfolger Gerald Ford (1913–2006) begnadigt. Er musste nicht länger mit einer Strafverfolgung rechnen.

89a) Guillaume-Affäre

Willy Brandt (1913–92) hieß eigentlich Herbert Ernst Karl Frahm. Den Namen Willy Brandt legte er sich zu, als er nach Jahren des Exils während des Zweiten Weltkriegs 1947 wieder in die Bundesrepublik zurückkehrte. 1969 gewann der SPD-Politiker die Wahl zum Bundeskanzler. Nach fünf Jahren im Amt sah sich Brandt gezwungen, von seinem Posten zurückzutreten. Der Friedensnobelpreisträger (1971) nahm die Schuld auf sich, dass der DDR-Spion Günter Guillaume (1927–95), der einer seiner engsten Vertrauten war, jahrelang unerkannt blieb.

90b) Bafög

Am 26. August 1971 trat das Bundesausbildungsförderungsgesetz in Kraft, das Schülern und Studenten während der Ausbildungszeit finanziell unter die Arme greifen sollte. Jeder hatte damals ein juristisches Recht, Bafög zu bekommen. In den 70ern erhielten die Geförderten noch einen Vollzuschuss. Von der Beihilfe mussten sie nichts zurückerstatten. Heute setzt sich die Förderung aus einem festen Zuschuss und einem Darlehen zusammen.

91d) Aubergine

In München war das Restaurant Aubergine beheimatet. Ab 1978 lud der Österreicher Eckart Witzigmann seine Gäste zum Schmausen ein. Für seine aufwendigen Kreationen zeichnete ihn der Hotel- und Reiseführer Guide Michelin bereits ein Jahr nach der Eröffnung mit drei Sternen aus. Witzigmann war damit der erste deutschsprachige Koch, der diese Würdigung erhielt. Das Restaurant hielt sich in den Folgejahren konstant auf diesem hohen Niveau, erwirtschaftete aber keinen hohen Gewinn. 1995 musste Witzigmann das Aubergine schließen, nachdem er bereits einige Zeit zuvor seine Zulassung wegen des Kaufs von Kokain verloren hatte.

92c) Mogadischu

Ganze fünf Tage mussten die Passagiere der Lufthansa-Maschine Landshut ausharren, bevor sie von der GSG 9 in Mogadischu auf dem Flughafen befreit werden konnten. Zuvor hatten ihre Entführer, palästinensische Terroristen, den Piloten ermordet und die Geiseln mit Benzin übergossen. Mit der Entführung des Flugzeugs wollten die Terroristen erreichen, dass die in Stammheim inhaftierten Mitglieder der RAF freigelassen werden sollten. Als jene erfuhren, dass die Geiselnahme gescheitert war, begingen sie kollektiv Suizid („Todesnacht von Stammheim"). Dies hatte wiederum zur Folge, dass der entführte Arbeitgeberpräsident Hanns Martin Schleyer (1915–77) sein Leben lassen musste.

93b) Sigmund Jähn

Ziel des DDR-Kosmonauten Sigmund Jähn (* 1937) war 1978 die russische Orbitalstation Saljut 6. An Bord des Orbit kam es zur Hochzeit zwischen dem Sandmännchen und dem russischen Maskottchen Mascha. Jähns Weltraumflug wurde in den Medien der DDR ausgiebig behandelt und gefeiert, stellte doch der kleinere deutsche Staat den ersten Deutschen im All.

INTERKOSMOS

Guten Flug, liebe Genossen!

Oberst Waleri Bykowski und Oberstleutnant Sigmund Jähn starteten mit Sojus 31 im Rahmen des Interkosmos-Programms der sozialistischen Länder.

TRIBÜNE

Organ des Bundesvorstandes des FDGB

34. Jahrg. Nr. 168 ● Berlin, Sonntag, 27. August 1978 ● 15 Pf (monatl. 3 M)

Der erste Deutsche im All ein Bürger unserer DDR!

Ein großer Tag für unser Land: Am Sonnabend, 15.51 Uhr, startete Sojus 31 zur Orbitalstation ● An Bord sind Kommandan

94b) Mittelstreckenraketen

Ende der 70er rüstete sich die Sowjetunion mit Mittelstreckenraketen, sogenannten SS-20-Raketen, auf. Daraufhin beschlossen die NATO-Staaten, ebenfalls im Bereich Atomraketen nachzurüsten und gleichzeitig Moskau das Ultimatum zu setzen, ihrerseits abzurüsten. Der NATO-Doppelbeschluss ließ die Sowjetunion jedoch kalt. 1983 wurden die ersten Raketen stationiert. Erst 1987 konnten sich die Sowjetunion und die USA im Rahmen der INF-Verträge darauf einigen, dass alle Raketen, die eine Reichweite zwischen 500 und 5500 km erzielen konnten, vernichtet und nicht weiter produziert werden sollten.

95a) Ärzte ohne Grenzen

Frei von allen politischen und religiösen Ansichten versuchen die Mitglieder von Ärzte ohne Grenzen seit 1971, den Opfern in Kriegs- oder Katastrophengebieten medizinische Hilfe zu bieten. Die Organisation entstand 1970 zum einen aus der Groupe d'Intervention Médicale et Chirurgicale en Urgence. Einer Gruppe, die es sich zum Ziel gesetzt hatte, das Leid, das sie während des Biafra-Krieges gesehen hatte, in Zukunft zu verhindern. Die andere Hälfte bildete die Secours Médical Français, die der Herausgeber der medizinischen Fachzeitschrift *TONUS* ins Leben gerufen hatte.

96d) E-Mail verschicken

Wann genau Ray Tomlinson (* 1941) im Jahr 1971 seine erste E-Mail geschrieben hat, das weiß der studierte Elektrotechniker nicht mehr. Sicher ist jedoch, dass er das @-Zeichen in den E-Mail-Adressen einführte. Das Internet stand ihm zu dem Zeitpunkt noch nicht zur Verfügung, daher bastelte er sich an den damals noch überdimensionalen Maschinen ein eigenständiges Programm.

97b) Airbag

Lange bevor Daimler-Benz seinen Airbag 1971 beim Patentamt anmeldete, hatte bereits Walter Linderer 1953 ein ähnliches Patent erhalten. Doch in den 50ern war die Technik noch nicht so weit vorangeschritten, dass der Airbag auch in Serie hätte produziert werden können. Aufgrund der hohen Zahl an Verkehrsunfällen wurde vom US-Präsidenten Lyndon B. Johnson Ende der 60er ein Gesetz erlassen, in dem vorgeschrieben wurde, dass die Insassen in Zukunft per Airbag besser geschützt werden sollten. Doch wegen Entwicklungsschwierigkeiten wurde das Eintrittsdatum der Forderung von 1973 auf 1976 verschoben. Ende 1980 wurden in Fahrzeugen von Mercedes serienmäßig Fahrerairbags eingebaut.

98a) Christoph 1

Um den Menschen in Deutschland eine bessere und schnellere Versorgung bei Notfällen bieten zu können, entwickelte Hans Burghart, Chirurg am Städtischen Krankenhaus München-Harlaching, gemeinsam mit dem ADAC die Idee, Hubschrauber bei Unfällen mit einzusetzen. Vorläufer des Christoph 1 war zunächst ein Bell 206B „Jet Ranger", der in München-Riem und später am Klinikum rechts der Isar eingesetzt wurde. An Bord des Christoph 1 befinden sich immer ein Mitglied der Berufsfeuerwehr München, ein Pilot vom ADAC sowie ein Arzt.

99d) Mohammad Reza Pahlavi
Am 16. Januar 1979 verließ Mohammad Reza Pahlavi (1919–80) den Iran. Viele Länder wollten den durch die Islamische Revolution gestürzten Schah von Persien nicht aufnehmen, erst in Ägypten fand er nach einem Jahr eine neue Heimat. Während dieser Zeit hatte er sich häufig ins Krankenhaus begeben müssen, um sein Krebsleiden behandeln zu lassen.

100b) Chile
Walter Ulbricht (1893–1973) schied nicht ganz freiwillig aus seinem Amt als Erster Sekretär des Zentralkomitees der SED. Da viele innerhalb des Politbüros mit seinem Kurs im Bereich der Wirtschafts- und Außenpolitik nicht einverstanden waren, bildete sich eine Front gegen ihn. Sein späterer Nachfolger Erich Honecker (1912–94) schloss mit dem Parteichef der KPdSU, Leonid Breschnew (1906–82), 1970 den Plan, Ulbricht als politisches Oberhaupt der DDR abzuziehen. Bei einem Treffen zwischen Breschnew und Ulbricht machte dieser ihm klar, dass er keinen Rückhalt in den eigenen Reihen mehr besäße und auch nicht mehr von der Sowjetunion unterstützt würde. 1971 trat Ulbricht zurück

Erich Honecker

101a) Zerrüttungsprinzip
Bevor das Zerrüttungsprinzip 1977 zum Tragen kam, galt die Regelung, dass derjenige, der das Ende der Ehe verschuldet hatte, auch die Kosten für den Unterhalt gegenüber dem Ehepartner und den gemeinsamen Kindern zahlen musste (Verschuldungsprinzip). Fortan musste jedoch derjenige die Kosten auf sich nehmen, der wirtschaftlich besser aufgestellt war. Beide Ehepartner sollten außerdem zu gleichen Teilen Ansprüche aus Renten-, Pensions- und Lebensversicherungen erhalten, die während der Ehe geschlossen worden waren.

102b) Baath-Partei

In kleinen Schritten arbeitete sich Saddam Hussein an die Spitze des Irak. 1968 wurde der Anhänger der Baath-Partei u. a. Generalsekretär des Revolutionären Kommandorates, ein Jahr später Vizepräsident. Vom damaligen irakischen Präsidenten wurde er 1979 zum Parteivorsitzenden ernannt. Im selben Jahr wurde Hussein Staatspräsident und Regierungschef.

103a) *Die Zeit*

1974 wählte der Bundestag Helmut Schmidt (* 1918) zum Nachfolger des zurückgetretenen Bundeskanzlers Willy Brandt. Der kettenrauchende SPD-Politiker tat sich besonders im wirtschaftlichen Bereich hervor. Für weniger Zustimmung innerhalb der Partei sorgte sein Drängen in Richtung NATO-Doppelbeschluss. 1980 konnte Schmidt die Wahlen zum Bundeskanzler zwar für sich entscheiden, wurde aber per konstruktivem Misstrauensvotum seitens der CDU, CSU und einem Großteil der FDP 1982 des Amts enthoben.

104d) „Eiserne Lady"

Bei Freund und Feind war Margaret Thatcher (* 1925) gleichermaßen gefürchtet. Die britische Premierministerin – seit 1974 im Amt – besaß das Image einer rauen und toughen Politikerin, die wusste, wie sie sich in einer von Männern beherrschten Welt durchsetzen konnte. Einerseits förderte die „Eiserne Lady" die Wirtschaft im Land, brachte aber gleichzeitig zahlreiche Gewerkschaftler gegen sich auf. Ihre knallharten Reformen stießen nur selten auf Gegenliebe im Arbeitermilieu. Ihre Partei, die Tories, führte sie 1975–90.

105c) Saarlouis
Viele kannten den Ford Escort in den 70ern nur unter dem Begriff „Hundeknochen" – die Scheinwerfer und der Kühlergrill hatten dem Wagen den Spitznamen eingebracht. Das erste Modell verließ am 16. Januar 1970 das Saarlouis-Werk. Mehr als zwölf Millionen Ford

Escorts liefen dort vom Band. Der Ford Escort war gemessen an den Zulassungsstatistiken im europäischen Vergleich eines der meistverkauften Autos. 1971–75 übernahm das Werk auch die Produktion des Ford Capri. Es folgten u. a. der Ford Fiesta (1976–80) und der Ford Orion (1983–93). 1998 kam noch der Ford Focus hinzu.

106b) Rainbow Warrior
Ihren Ursprung hat die 1971 gegründete Organisation Greenpeace in Vancouver, ihren Sitz in Amsterdam. Die Öffentlichkeit wurde 1972 auf die Gruppe aufmerksam, als diese mit einer von David McTaggart (1932–2001) zur Verfügung gestellten Yacht in das Sperrgebiet rund um das Mururoa-Atoll fuhr, um gegen Atombombentests der französischen Regierung zu demonstrieren. Auch 1985 fuhren Greenpeace-Anhänger zu Demonstrationszwecken in die Nähe des Atolls. Der französische Auslandsgeheimdienst ließ das Schiff Rainbow Warrior jedoch im Hafen versenken. Der Fotograf Fernando Pereira kam dabei ums Leben.

107a) 21 Jahre

Im Reichsgesetz vom 17. Februar 1875 (gültig ab 1. Januar 1876) wurde festgelegt, dass Personen in Deutschland erst mit 21 Jahren volljährig waren. Zuvor lag die Volljährigkeitsgrenze in vielen Orten bei 25 Jahren. Der 1900 in Kraft getretene § 2 BGB, in dem das Reichsgesetz aufgegangen war, regelte auch, dass in Einzelfällen und unter bestimmten Bedingungen einige Personen auch mit 18 Jahren vom Personenstandsgericht als volljährig erklärt werden konnten.

108c) Saarland

Der Radikalenerlass sorgte ab 1972 für reichlich Unmut in der Bundesrepublik. Die Regierung hatte in Absprache mit den Vertretern der einzelnen Bundesländer den Beschluss gefasst, dass nur diejenigen Personen eine Arbeitsstelle im öffentlichen Dienst erhalten sollten, die eine aktive Verfassungstreue bewiesen. Kommunisten sollte so keine Chance gegeben werden, in den Staatsdienst zu gelangen. Tausende gingen gegen den Erlass auf die Straßen.

109b) Apollo 13

Die von der NASA geplante Mondmission Apollo 13 musste vorzeitig abgebrochen werden, da es an Bord des Raumschiffes zu Komplikationen gekommen war. Einer der zwei Wasserstofftanks war explodiert. Die Strom-, Sauerstoff- und Wasserversorgung drohte innerhalb von wenigen Stunden zu Ende zu gehen. Die Crew hatte die schwierige Aufgabe, aus den wenigen an Bord befindlichen Materialien das Luftreinigungssystem umzubauen. Auf dem Rückflug wurden zahlreiche elektrische Systeme ausgeschaltet, um Strom zu sparen. Dadurch herrschten an Bord Temperaturen um die 0° C.

Raketenantrieb

110) Alfred Hitchcock
Die Hörspielreihe *Die drei ???* basiert auf der gleichnamigen Jugendbuchreihe, die der US-Amerikaner Robert Arthur (1909–69) entwickelt hatte. Die Reihe warb zwar mit dem Namen des bekannten Regisseurs, jedoch war Hitchcock nie Teil des Autorenstammes. Stattdessen hatte Arthur nur eine Lizenz gekauft, die es ihm erlaubte, den Namen zu benutzen.

111) Neustädter Zoo
Elfie Donnelly (* 1950), die auch später die Junghexe Bibi Blocksberg (1980) erfand, ersann den sprechenden Elefanten Benjamin Blümchen (Hörspielreihe ab 1977). Begleitet wird Benjamin Blümchen bei seinen Abenteuern immer von seinen menschlichen Freunden – sei es sein bester Freund Otto, die Reporterin Karla Kolumna oder Tierpfleger Karl.

112c) *Emma*
Alice Schwarzer spaltete nicht nur in den 70ern die Nation. Frauenrechtlerinnen verehren die Feministin, die in ihrer 1977 gegründeten Zeitschrift *Emma* kein Blatt vor den Mund nimmt, andere, meist männliche Gegner, können ihren Argumenten nichts abgewinnen.

Alice Schwarzer

113d) Herbert Feuerstein
MAD war zunächst als Parodie auf Superhelden-Comics gedacht, entwickelte sich aber kurz nach dem Erscheinen im Jahr 1952 zu einem Satire-Magazin. Seit 1956 grinst der Mann mit den Segelohren, der seit dem Zeitpunkt mit der Zeitschrift in Verbindung gebracht wird, den Lesern vom Cover entgegen. Herbert Feuerstein (* 1937) prägte mit seinen Einfällen den deutschen Ableger in den 70ern und 80ern ungemein. Seine erfundenen Ausrufe wie „würg" und „lechz" sind bei Jugendlichen und jungen Erwachsenen immer noch sehr beliebt. 1992 verließ Herbert Feuerstein die Zeitschrift zugunsten seiner TV-Karriere.

114a) aufmüpfig
Die Gesellschaft für deutsche Sprache beschloss 1971, einen Begriff zu ehren, der das vergangene Jahr im Bereich der Sprachentwicklung repräsentieren sollte. Am schlüssigsten erschien ihr für das Jahr das Wort „aufmüpfig". 1980 hingegen war es das Wort „Rasterfahndung", das im Rahmen der Aktionen der RAF vermehrt aufgekommen war. Seit 1978 wird jährlich in der Zeitschrift *Der Sprachdienst* das Wort des Jahres verkündet.

115a) Staatsgalerie Stuttgart
Das künstlerische Schaffen von Friedensreich Hundertwasser (1928–2000) kannte keine Pause. Der Österreicher hatte stets einen kleinen Malkasten im Gepäck, um jederzeit seine Ideen zu Papier bringen zu können. Seine *Hundertwasser-Bibel*, in der sich 50 Kunstwerke sowie 30 Collagen befinden, sind Unikate. Keines der Exemplare hat den gleichen Einband. Starre Formen und dunkle Töne waren Hundertwasser zuwider. Er hatte es gern bunt, verspielt und einladend – so auch z. B. beim Ronald McDonald Haus in Essen, das ganz in Gelb und Rot gehalten ist.

Staatsgalerie Stuttgart

116d) Wuppertal
1973 begann Pina Bausch (1940–2009) an der Wuppertaler Bühne ihr Engagement im Bereich Ballett. In der Folgezeit baute sie das Tanztheater Pina Bausch zu einem der bekanntesten in der ganzen Welt aus. Sie revolutionierte mit ihren unkonventionellen Ideen das Tanztheater und setzte neue Maßstäbe. Empathie spielte in den Stücken von Pina Bausch stets eine große Rolle. Durch den Tanz wollte sie verschiedene Gefühle wie Wut, Trauer und Schmerz, aber auch Liebe und Sehnsucht verdeutlichen.

117c) Kunstakademie Düsseldorf
Joseph Beuys (1921–86) löste mit seinen Aktionen öfter große Diskussionen aus. 1972 z. B. besetzte der Professor mit seinen Studenten die Kunstakademie Düsseldorf, da die Studenten zuvor nicht an der Kunsthochschule angenommen worden waren. Der damalige Landesminister Johannes Rau enthob ihn daraufhin seiner Tätigkeit. Dies hatte weitreichende Folgen. Das Wissenschaftsministerium wurde mit zahlreichen Protestbriefen, u. a. einem offenen Brief, an dem sich Heinrich Böll, Martin Walser und Peter Handke beteiligt hatten, bombardiert. Jörg Immendorf (1945–2007) war einer seiner bekanntesten Schüler.

118a) Bundeskunsthalle
Auf der Museumsmeile in Bonn steht die Bundeskunsthalle, die auf Betreiben des damaligen Bundeskanzlers Willy Brandt errichtet wurde. Sie hat es sich zur Aufgabe gemacht, bedeutende zeitgenössische Kunstwerke zu sammeln und der Öffentlichkeit zugänglich zu machen. Die Bundeskunsthalle zeigt die Bilder jedoch meistens nicht selbst, sondern leiht sie an verschiedene Institutionen aus.

119c) Heinrich Böll
Bevor Heinrich Böll (1917–85) im Jahr 1972 den Nobelpreis für Literatur verliehen bekam, hatte er sich mit Werken wie *Und sagte kein einziges Wort* (1953), *Haus ohne Hüter* (1954) sowie *Billard um halbzehn* (1959) einen Namen gemacht. Erstmalig war Böll der Öffentlichkeit aufgefallen, als seine satirische Geschichte *Die schwarzen Schafe* 1951 von der Schriftstellervereinigung Gruppe 47 ausgezeichnet wurde. Mit *Die verlorene Ehre der Katharina Blum* (1974) landete er einen weiteren Bestseller.

120d) China
Fast 7000 Figuren der über 2000 Jahre alten Terrakottaarmee, die in der westchinesischen Provinz Shensi gefunden wurde, sind nahezu vollständig erhalten. Sie tragen alle individuelle Gesichtszüge und sind je nach Status mit verschiedenen Waffen ausgerüstet. Die lebensgroßen Streitkräfte waren Grabbeigaben für den Kaiser Qin Shi Huangdi. Bis jetzt sind noch nicht alle Gänge des Mausoleums freigelegt. Die Armee, die sich aus einem Soldatenbereich, einer Streitmacht mit Reitern, Wagen und Infanteristen sowie dem Kommandostab zusammensetzt, steht seit 1987 als Weltkulturerbe unter dem Schutz der UNESCO.

121a) Goldener Clown
Die Fürstenfamilie von Monaco hat die Schirmherrschaft über das Zirkusfestival von Monte Carlo übernommen, welches das ehemalige Oberhaupt, Fürst Rainier III., 1974 ins Leben gerufen hatte. Prinzessin Stephanie fungiert seit 2006 als Präsidentin. Träger der mit Unterbrechungen jährlich vergebenen Auszeichnung Goldener Clown, die auch in Silber und Bronze verliehen werden, ist u. a. Familie René Casselly aus Deutschland.

122c) Odie
Jim Davis (* 1945) erfand 1978 den faulen, zynischen und gelangweilten Kater Garfield. In dem gleichnamigen Comic lässt der US-Amerikaner Garfield flapsig die Probleme des Alltags kommentieren. Er wird von dem – in Garfields Augen leicht dümmlichen – Hund Odie und seinem tollpatschigen Herrchen Jon Arbuckle begleitet, den er intellektuell überragt. Die meisten Tage verbringt Garfield damit, zu essen oder zu schlafen. Kein Wunder also, dass er nichts von Diäten hält und für einen Kater ein paar Pfund zu viel auf den Rippen hat!

123c) Charta 77
Seine Kritik am kommunistischen Regime brachte Václav Havel (1936–2011) in den 70ern und 80ern gleich mehrfach ins Gefängnis. Der Schriftsteller (*Gartenfest, Briefe an Olga*) und spätere Politiker war Teil der Bürgerrechtsbewegung Charta 77, die sich der tschechischen Führung entgegenstellte. Die gleichnamige Petition vom 1. Januar 1977 wurde weltweit in den Tageszeitungen gedruckt. Darin beklagten sich die Oppositionellen, dass in ihrer Heimat bestimmte Rechte wie die Meinungsfreiheit nicht gegeben wären.

124a) Singvogel
Der Pirol, das Wappentier der Familie von Bülow, wird im Französischen als Loriot bezeichnet. Bernhard-Victor Christoph Carl von Bülow entschied sich daher schlicht und einfach für den Künstlernamen Loriot. Seine ersten Arbeiten verkaufte Vicco von Bülow an *Quick* und den *stern*. Mit seinen Zeichentrickfiguren, die unverwechselbar an ihren Knollnasen zu erkennen waren, brachte er die Nation zum Lachen. Beliebte Sketchpartnerin von Loriot war Evelyn Hamann (1942–2007).

125d) Paris

Der damalige französische Präsident Georges Pompidou (1911–74) hatte 1971 die Idee, ein Kunst- und Kulturzentrum in Paris errichten zu lassen. Die Eröffnung des auffälligen Gebäudes erlebte der Politiker aber nicht mehr mit, da sich die Bauzeit sechs Jahre lang hinzog. Das Besondere am Centre Pompidou, das die Franzosen wegen seiner Aufmachung auch als La Raffinerie bezeichnen, sind seine Treppen und Aufzüge. Diese sind nicht im Innern der Einrichtung angebracht, sondern verlaufen an den Außenmauern. Im Zentrum selbst sind u. a. ein Museum für moderne Kunst, eine Bibliothek, eine Musikforschungswerkstatt und ein Kino untergebracht.

126c) Martin Walser

In den Mittelpunkt seiner Geschichten stellte Martin Walser (* 1927) oft den Bodensee und seine Umgebung. Seine Bücher (*Ehen in Philippsburg, Ein fliehendes Pferd, Brandung*) gelten als die wichtigsten Werke deutscher Nachkriegsliteratur. Walsers Kommentare zur Bewältigung des Nationalsozialismus riefen sowohl Zustimmung als auch Ablehnung hervor.

127b) Neue Subjektivität

Ihren Schwerpunkt legte die Stilrichtung „Neue Subjektivität", die in den 70ern vermehrt von Schriftstellern angewendet wurde, auf die eigenen Erlebnisse und Sichtweisen. Dafür wurden dann oft Träume, private Probleme oder Schicksalsschläge herangezogen. Nicht mehr die öffentlichen Diskussionen standen im Vordergrund, sondern das eigentlich geheim gehaltene Private. Viele Leser durften sich auf ein fast schon autobiografisches Werk freuen. Bekannte Autoren dieser Reihe waren Peter Schneider (*Lenz*, 1973), Botho Strauß (*Die Widmung*, 1977) und Christa Wolf (*Kindheitsmuster*, 1976).

128a) *Westwärts 1 & 2*

Rolf Dieter Brinkmann (1940–75) ließ sich während seiner London-Aufenthalte in den 60ern von der angloamerikanischen Lyrik inspirieren. Er wurde zu einem großen Fan der amerikanischen Underground-Lyrik. 1969 brachte er in Zusammenarbeit mit Ralf-Rainer Rygulla die Anthologie *Acid. Neue amerikanische Szene* heraus. Seine Gedichte waren oft von einer gewaltigen Bildkraft geprägt. Mit seinen Werken versuchte Brinkmann stets, die Gesellschaft wachzurütteln und zu provozieren.

129a) Volkskammer

Im Berliner Palast der Republik, 1973–76 erbaut, wurde nicht nur Politik gemacht. Neben der Volkskammer und dem Parlament der DDR standen dort auch zahlreiche Veranstaltungsräume zur Verfügung. Der Große Saal des Palastes war wie ein Sechseck aufgebaut und hatte eine höhenverschiebbare Bühne. Außerdem konnte durch flexible Wände und Deckenfronten die Zahl der Zuschauerreihen beliebig verändert werden. Dieser Raum wurde oft als Aufzeichnungssaal für die Abendshow *Ein Kessel Buntes* verwendet.

Palast der Republik

130) Thomas Bernhard

Thomas Bernhard (1931–89) war einer der umstrittensten Schriftsteller Österreichs. Mit seinen Werken und Kommentaren sorgte er immer wieder für Gesprächsstoff. Er war kein Jasager, sondern hinterfragte auch oft Dinge, die für viele Österreicher als selbstverständlich galten. In *Die Macht der Gewohnheit* (1974) nahm er subtil ebendiese aufs Korn.

131d) Atréju

Mit seinen Romanen *Momo* und *Die unendliche Geschichte* entführte Michael Ende (1929–95) in den 70ern Kinder und Erwachsene in eine Welt voller Fantasie. Bereits 1960 hatte er mit *Jim Knopf und Lukas der Lokomotivführer* einen Bestseller gelandet.

132c) Wolf Biermann

1976 wurde der Liedermacher und Lyriker Wolf Biermann (* 1936) nach einem Konzert in Köln aus der DDR ausgebürgert. Das Politbüro der SED, dessen Verfahrensweisen und totalitäre Handlungen er in seinen Werken zuvor mehrfach kritisiert hatte, ließ ihn nicht in die DDR zurückreisen. Es hatte bereits 1963 seine Aufnahme in die Partei abgelehnt. Biermanns Gedichtband *Die Drahtharfe*, der in Westberlin veröffentlicht wurde, hatte ihm 1965 schon ein totales Auftritts- und Publikationsverbot in der DDR eingebracht. Zahlreiche Prominente demonstrierten gegen seine Ausbürgerung.

Wolf Biermann

133c) *Yps*

Immer eine kleine Beigabe, ein sogenanntes Gimmick, wartete auf die Käufer des Comicheftchens *Yps*, das zwischen 1975 und 2000 angeboten wurde. Neben den Geschichten rund um das Känguru Yps durften sich die Leser auf Urzeitkrebse, Solarzeppeline, Bastelbögen oder Anleitungen für Zaubertricks freuen. Nicht immer stießen die Gimmicks auf Gegenliebe. Die lebenden Larven einer Motte sorgten bei Eltern teilweise für Ekel. 2012 kündigte der Egmont Ehapa Verlag an, die Zeitschrift erneut herauszubringen. Dieses Mal werde sie aber als Männermagazin mit Themen wie Autos und Technik aufgezogen. Die Gimmicks sollen erhalten bleiben.

134b) Hans Esser

Selten steckt Günter Wallraff (* 1942) in seiner eigenen Haut, stattdessen ist er stets als jemand anders unterwegs, um inkognito über die Missstände in Deutschland, besonders in großen Unternehmen, zu berichten. Als Redakteur Hans Esser schlich er sich bei der *BILD*-Zeitung in Hannover ein (*Der Aufmacher – Der Mann, der bei „Bild" Hans Esser war*, 1977), als türkischer Gastarbeiter Ali Levent Sinirlioğlu arbeitete er u. a. bei Thyssen und McDonald's (*Ganz unten*, 1985), und als Somalier Kwami Ogonno reiste er durch Deutschland (*Schwarz auf Weiß*, 2009).

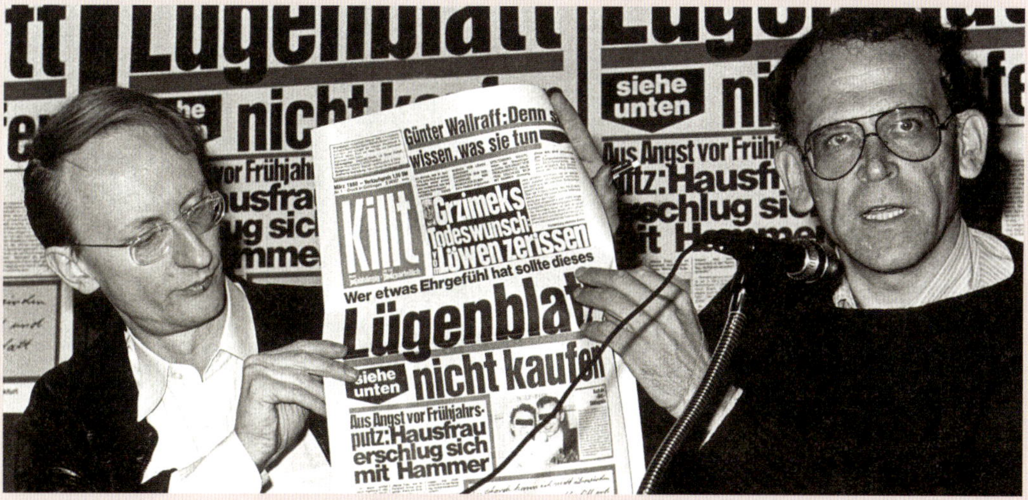

Günter Wallraff (r.) stellt seine Anti-*Bild*-Aktion vor.

135b) Pong

Rechts und links einen Balken, den man nach oben und nach unten schieben kann, und einen ballähnlichen Punkt in der Mitte – fertig war das Videospiel Pong. Wer den Punkt auf seiner Seite nicht mit dem Balken erwischen konnte, verlor einen Punkt an den Gegner. Designt hatte das Spiel Allan Alcorn, herausgebracht wurde es 1972 vom Unternehmen Atari.

136d) Bonanzarad

Eine gewisse Ähnlichkeit mit einem Motorrad konnte den in den 70ern beliebten Bonanzarädern nicht abgesprochen werden. Sie besaßen wie Chopper einen hohen, nach außen gebogenen Lenker mit je einem Griff am Ende. Darüber hinaus bot das Rad einen überdimensionalen Sattel, der nach oben hin auslief und eine Drei-Gang-Nabenschaltung, die nicht am Lenker, sondern an den vorderen Rohren angebracht war. Die vermeintliche Federung im vorderen Bereich war nicht echt. Viele Jugendliche brachten an der hinteren Stange einen Wimpel oder eine Flagge an.

Videospiel Pong

137c) Flokatiteppich
Einen flauschigen und weichen Eindruck vermittelten in den 70ern in vielen deutschen Wohnzimmern Flokatiteppiche. Für die Teppiche wird in der Regel naturfarbene Wolle verarbeitet, die in einigen Fällen eingefärbt wird. In Griechenland werden die Flokatiteppiche in einem mehrstufigen Prozess auf einem Handwebstuhl hergestellt. Hierzu wird eine Kette aus einem versponnenen langstapeligen Schurwollgarn aufgezogen. Als Schuss dient meist ein Gemisch aus Schurwoll- und Kunststoffgarn, welches dem Teppich eine besondere Haltbarkeit verleiht. Die Schussfäden bilden später den Rücken des Flokati, und die Beimischung von Kunstfasern machen diesen formstabil. Zum Schluss wird er in Gebirgsbächen durch die Strömung gefilzt sowie verkleinert und anschließend mithilfe der Sonne getrocknet.

138d) verschiedenfarbige Leuchtelemente
Meist in kleinen Kügelchen bewegen sich die Stoffe durch die Lavalampe. Charakteristisch für eine solche Lampe sind die leicht zylindrische Form und die bunten Flüssigkeiten. Diese verbinden sich aufgrund ihrer chemischen Eigenschaften nicht miteinander, sondern bleiben zwei eigenständige Stoffe. Die in dem unteren Teil angebrachte Glühlampe erhitzt einen der Stoffe (z. B. Wachs), lässt ihn zähflüssig werden und aufsteigen. Am oberen Ende kühlt er wieder ab und sinkt nach unten.

139a) Feng Shui
Auf zwei Arten werden Räucherstäbchen üblicherweise hergestellt. Die Duftstoffe werden zum einen direkt auf ein Stäbchen gestrichen, das aus Holz oder Bambus besteht. Zum anderen können die Wirkstoffe zusammengepresst oder geknetet werden. So entsteht ein Räucherstäbchen, das weniger Rauch beim Abbrennen entwickelt als die Holzvariante. In vielen asiatischen Religionen finden die duftverbreitenden Stäbchen Verwendung. Sie sollen für Beruhigung und Reinigung der Seele sorgen. Laut aktuellen Untersuchungen sollen Räucherstäbchen allerdings in einigen Fällen gesundheitsgefährdend sein.

140d) McDonald's
Die erste McDonald's-Filiale entstand 1940 in San Bernardino (Kalifornien). Die Brüder Richard und Maurice McDonald kamen erst acht Jahre später auf die Idee, den Gästen spezielle Hamburger, die per Schnellverfahren hergestellt wurden, anzubieten. Hinzu kam die innovative Idee, dass die Kunden nicht mehr am Tisch bedient wurden, sondern sich ihr Essen selbst an der Theke holen mussten. In den nächsten Jahren kamen Kooperationspartner wie Coca-Cola hinzu. Im Stadtteil Obergiesing in München konnten Deutsche am 4. Dezember 1971 zum ersten Mal das Essen der Fastfood-Kette ausprobieren.

141b) wissenschaftlicher Taschenrechner
Hewlett-Packard entwickelte 1972 den HP-35, einen wissenschaftlichen Taschenrechner, der für die breite Masse gedacht war. Im Gegensatz zu vielen Vorgängermodellen anderer Hersteller beherrschte der Rechner mehr als die vier üblichen Grundrechenarten. Mithilfe des HP-35 konnten Benutzer Aufgaben im Bereich Trigonometrie, Exponentialrechnung und Logarithmus lösen.

142b) Playmobil

Seinen Sitz hat die geobra Brandstätter GmbH & Co. KG, die 1974 das Spielzeug Playmobil auf den Markt brachte, im mittelfränkischen Zirndorf. Die kleinen Männchen aus Plastik lebten zunächst ganz ohne Frauen; die ersten weiblichen Figuren entstanden 1976. Zu den Eltern gesellten sich Anfang der 80er Kinder- und Babyvarianten. Die anfänglichen Themen Ritterzeit, Wilder Westen und Baustelle wurden um viele weitere Ideen wie Bauernhof, Weltraum, Prinzessinnenschloss oder Fußball ergänzt.

143a) Flensburg

Seit 1974 erhalten Autofahrer für bestimmte Vergehen Strafpunkte, die im Verkehrszentralregister des Kraftfahrtbundesamts in Flensburg gelistet werden. Die Punktanzahl richtet sich nach dem im Straßenverkehrsgesetz aufgeführten Vereinbarungen. So gibt es z. B. für unterlassene Hilfeleistung, die als Verkehrsstraftat angesehen wird, fünf Punkte. Sobald ein Fahrer acht Punkte gesammelt hat, erhält er eine kostenpflichtige Verwarnung. Er hat die Möglichkeit, durch seine Teilnahme an einem Aufbauseminar Punkte wieder abzubauen. Werden 18 Punkte überschritten, wird der Führerschein eingezogen.

144d) Schneekatastrophe

Am 1. Januar 1979 lagen im schleswig-holsteinischen Kreis Ostholstein rund 70 cm Schnee. Norddeutschland hatte zum Jahreswechsel mit einer harten Schneekatastrophe zu kämpfen, die in diesen Gegenden eher ungewöhnlich ist. Bereits am 28. Dezember 1978 hatte sich aus einem dichten Schneegestöber über Nacht ein Schneesturm entwickelt. Viele Straßen und Schienen waren tagelang nicht mehr befahrbar, Strom- und Telefonnetze hatten mit Ausfällen zu kämpfen.

145c) ***stern***

374 teilweise prominente Frauen wie Senta Berger, Romy Schneider und Liz Verhoeven gaben in der *stern*-Reportage „Wir haben abgetrieben!" (1971) zu, dass sie in ihrem Leben bereits einmal einen Schwangerschaftsabbruch hinter sich hatten. Sie protestierten gegen den Paragraphen 218, der eine Abtreibung unter Strafe stellt. Die sogenannte Pille danach und eine Abtreibung innerhalb der ersten drei Schwangerschaftsmonate, in Verbindung mit einer Beratung, hingegen werden juristisch nicht verfolgt. Nach Erscheinen der Ausgabe gingen Tausende Demonstranten auf die Straße, um den Abtreibungsbefürwortern die Menschenwürde des ungeborenen Lebens in Erinnerung zu rufen.

146c) Name der Frau als Familienname

Ab 1957 durften Frauen ihren Geburtsnamen als Doppelnamen im Ehenamen tragen. Fast 20 Jahre später regelte die Eherechtsreform von 1976, dass sich die Ehepartner entscheiden konnten, ob sie in Zukunft den Namen des Mannes oder den der Frau als gemeinsamen Namen tragen wollten. Darüber hinaus gibt es seitdem noch weitere Möglichkeiten, zwischen denen bei der Eheschließung gewählt werden kann. So kann der eine Partner seinen alten Namen an den neuen per Bindestrich anhängen.

147d) lachende Sonne

In den 70ern gründeten sich in vielen Orten Anti-Atomkraft-Bewegungen. Die Bürgerinitiativen protestierten gegen die Errichtung neuer Atommeiler in Deutschland. So auch 1975 in Wyhl im Kreis Emmendingen (Baden-Württemberg), wo viele Winzer Angst um ihre Anbaugebiete hatten. Die Landesregierung rückte nach heftigen Demonstrationen wieder von ihren Plänen ab.

148c) Videotext

Ende der 70er wurde es möglich, per Videotext an einigen Fernsehgeräten Nachrichten zu lesen. Der Videotext wurde 1977 auf der Funkausstellung in Berlin vom Bundesverband deutscher Zeitungsverleger (BDZV) als Bildschirmzeitung vorgestellt. Auch ARD und ZDF präsentierten dort ihren gemeinsamen Videotext. Es dauerte drei Jahre, bis die beiden Fernsehanstalten mit der Idee auf Sendung gingen. Dem Start des Videotextes waren lange Verhandlungen mit dem BDZV vorausgegangen. Die Testphase für den Informationsdienst war auf zwei Jahre ausgelegt. Eine gemeinsame Zentralredaktion wurde extra für den Videotext eingerichtet.

149c) IKEA

In Schweden eröffnete 1943 das erste IKEA-Möbelhaus. Die Deutschen mussten bis 1974 warten, erst dann wurde in Eching bei München die erste Filiale in Deutschland gebaut. Bis es das erste Billy-Regal in die Läden schaffte, dauerte es weitere vier Jahre. 1978 kreierte Gillis Lundgren das beliebte Regalsystem. Seitdem herrscht in der Bundesrepublik ein regelrechter IKEA-Boom. Es gibt kaum einen Haushalt, in dem nicht mindestens ein Möbelstück aus dem Einrichtungshaus mit den blau-gelben Farben stammt.

150b) Discokugel

Die kleine Kugel aus Schaumkunststoff funktioniert nach einem einfachen Prinzip. Sie ist mit kleinen Metall- oder Glasspiegeln verziert, die Lichtstrahlen einfangen und reflektieren. Die Kugel, die meist durch einen kleinen Motor angetrieben wird, ist dabei ständig in Bewegung. Auf diese Weise entstehen auffällige glitzernde Effekte. Besonders in Diskotheken werden die Kugeln als Hingucker platziert.

151d) Hüpfball

In vielen aufsehenerregenden Farben gab es die Gummibälle in den 70ern zu kaufen: Hüpfbälle in Rot, Orange, Lila, Grün oder Gelb standen zur Auswahl. An den oberen Enden waren zwei Griffe angesetzt, an denen sich die Kinder während des Hüpfens festhalten konnten. Aus den zwei Griffen ist inzwischen eine Halterung geworden, die runden aufblasbaren Hüpfbälle sind teilweise den Formen von Tieren gewichen, die an Monster, Pferde oder Giraffen erinnern. Auch zu physiotherapeutischen Zwecken werden die Hüpfbälle eingesetzt. Sie sollen das Gleichgewichtsvermögen der Kinder verbessern.

152b) Prilblumen

Im Rahmen der Aktion „Fröhliche Küche" designte der Spülmittelhersteller Pril 1972 Aufkleber, die mit verschiedenen bunten Blumenmotiven bedruck waren. Unter den Käufern brach eine regelrechte Sammelleidenschaft aus. Jeder wollte seine Küche oder das Bad mit den Prilblumen verschönern. Auch so manches Schulheft wurde mit den Aufklebern versehen. Im Fernsehen wurden die schmucken Spülmittel-Beigaben mit dem Lied *Hol Dir die fröhlichen Prilblumen, hol Dir das fröhliche Pril* beworben.

153a) Regenbogenflagge

Die Regenbogenflagge steht international als Symbol für die Lesben- und Schwulenbewegung. Sie setzt sich aus je einem roten, einem orangen, einem gelben, einem grünen, einem blauen und einem violetten Streifen zusammen. Die von Gilbert Blake 1978 entworfene Flagge wurde der breiten Öffentlichkeit bekannt, als sie von vielen Trauergästen auf dem Marsch, mit dem sie dem ermordeten homosexuellen Politiker Harvey Milk (1930–78) gedachten, getragen wurde.

154d) Telefongespräch über ein Mobiltelefon

Recht klobig und unhandlich muteten in den 70ern die ersten Mobiltelefone an. Unter der Leitung von Martin Cooper (* 1928) entwickelte das US-amerikanische Unternehmen Motorola 1973 das erste Mobiltelefon, das zu Beginn noch fast ein Kilo wog. Zuvor hatte niemand es für möglich gehalten, dass man ohne Telefonbuchse oder sonstige Anschlüsse ein Telefonat auf offener Straße führen könnte. Lange konkurrierte die Forschergruppe von Motorola mit den Entwicklern des Konzerns AT&T. Angeblich soll Cooper mit seinem Mobiltelefon als Erstes die gegnerische Seite angerufen haben.

SPRACHE

155b) Geh weg!

Dass die sowjetischen Truppen aus Afghanistan endlich abschieben würden, darauf hofften u. a. auch die Hizb-i Islami, die unterstützt von den USA um die Vormachtstellung im Land kämpften. Die Sowjets waren Ende Dezember 1979 in Afghanistan einmarschiert, um die kommunistisch orientierte Regierung gegen die Aufständler zu unterstützen. Die Rebellen setzten sich aus etwa 30 Mudschahedin-Gruppen zusammen, zu denen auch al-Qaida zählte. Im Laufe des Afghanistankriegs wurden mehrere Tausend Menschen getötet, viele wurden aus ihren Häusern vertrieben und verließen das Land.

156a) machte Ärger

In Deutschland „muckten" zahlreiche Arbeitnehmer auf, die sich ausgebeutet fühlten. So kam es z. B. 1971 vor dem Gelände der Robert Bosch GmbH in Stuttgart zu einer großen Streikwelle, an der mehr als 100.000 Arbeiter der Metallindustrie teilnahmen. Sie wollten für ihre Leistungen 11 % mehr Lohn. Am Ende konnten sich Gewerkschaft und Geschäftsführer auf 7,5 % einigen.

157b) angraben

Hatte in den 70ern der Mann einer Frau erfolgreich den Hof gemacht, stand einer Hochzeit nichts mehr im Wege. Das Erste Gesetz zur Reform des Ehe- und Familienrechts von 1976 ermöglichte es den Frauen, nicht mehr das Frauchen am Herd spielen zu müssen. Ihr war es erlaubt, ohne Zustimmung des Mannes arbeiten zu gehen. Falls es mit der Ehe doch nicht klappte, schrieb das neue Gesetz vor, dass die Partner bei einer gemeinsam beantragten Trennung eine Frist von einem Jahr einhalten mussten, bevor sie sich scheiden lassen konnten.

158d) staunen

Viele Modeliebhaber „schoben ein Auge", als sie die Kreationen des Modedesigners Jean-Paul Gaultier (* 1952) in den 70ern zu Gesicht bekamen. Gelernt hatte der Franzose eine Zeit lang bei keinem Geringeren als Pierre Cardin (* 1922). Seine eigenen Werke präsentierte er der Öffentlichkeit erstmalig 1976. Daran schloss sich zwei Jahre später sein eigenes Modeunternehmen an. Gaultiers Kollektionen, z. B. der Rock für den Mann, versetzten die Modewelt immer wieder in großes Staunen. Als Models suchte er sich öfter Männer und Frauen aus, die nicht dem Idealmaß entsprachen.

Jean-Paul Gaultier

159c) dumme Person

Für einen „Dämlack" hielt der bayrische Ministerpräsident Franz Josef Strauß (1915–88) den damaligen CDU-Vorsitzenden und Ministerpräsidenten des Landes Rheinland-Pfalz, Helmut Kohl (* 1930). Oft kam es zwischen den beiden Politikern zu heftigen Streitgesprächen und Diskussionen. So auch in der Wienerwald-Rede von 1976, in der Strauß Kohl als unfähig und inkompetent beschimpfte.

160b) Kopf

Richtig was im Köpfchen hat der Astrophysiker Stephen Hawking (* 1942), der in den 70ern die Fachwelt mit seinen Theorien zu den Schwarzen Löchern überraschte. Der Brite veröffentlichte 1975 seine Ideen zur Strahlung der Schwarzen Löcher, die er Hawking-Strahlung nannte. Er geht davon aus, dass die Objekte aufgrund bestimmter astrophysischer Vorgänge im Laufe der Zeit einen Teil ihrer Masse verlieren können. Es sei möglich, dass sich aufgrund dieser Strahlungen Schwarze Löcher in Milliarden Jahren auflösen könnten. Sein für die breite Masse verfasstes Buch *Eine kurze Geschichte der Zeit* (1988) erreichte zahlreiche Leser.

161b) feste Freundin

So mancher Mann träumte in den 70ern davon, Raquel Welch (* 1940) oder Bo Derek (* 1956) als feste Freundin bezeichnen zu können. Welchs Status als Sexsymbol hatte bereits in den 60ern begonnen, als die kurvenreiche Dame mit den braunen Haaren, dem Schmollmund und dem durchdringenden Blick nur mit einem Bikini bekleidet durch den Film *Eine Million Jahre vor unserer Zeit* (1966) lief. Derek zog 1979 als Hauptdarstellerin in *Zehn – Die Traumfrau* erstmalig die Blicke auf sich. Dort überraschte sie mit ungewohnten Rasta-Zöpfen.

Bo Derek

162d) unruhig

Für einen „juckigen" Moment sorgte in den 70ern der vermehrte Abbau von Rohstoffen. Den Regierungen weltweit war langsam bewusst geworden, dass sie nicht weiterhin gedankenlos Raubbau betreiben konnten, wenn sie auch in Zukunft genug Rohstoffe zur Verfügung haben wollten. Aus diesem Grund traf sich am 14. Oktober 1974 der Club of Rome, eine Vereinigung von Unternehmern und Wissenschaftlern. An ihrer Jahrestagung in Berlin nahmen auch Regierungsbeamte und einzelne Sonderorganisationen der Vereinten Nationen teil. Gemeinsam versuchten sie, einen ökologischen und ökonomischen Weg für die Zukunft zu finden.

163b) Jacke

Die „Kutte" ist in der Metal-Szene heute noch weitverbreitet. Die Jeans- oder Lederweste ist meist übersät mit Bandaufnähern einzelner Lieblingsgruppen. Die „Kutten" haben ihren Ursprung in den 70ern, als die Musikfans die Jacken der Motorradclubs für sich entdeckten. Diese waren meist auf dem Rücken mit einem riesigen Emblem des Vereins bestickt oder bedruckt. Auf den Aufnähern, den sogenannten patches, sind neben den Bandschriftzügen auch Albumcover oder durchgestrichene Hakenkreuze abgebildet.

164b) Lappen

Mit der Entwicklung von Pkws ist auch eng die Geschichte des Führerscheins verknüpft. Als Erster erhielt Carl Benz (1844–1929), der mit dem Benz Patent-Motorwagen Nummer 1 im Jahr 1885 den ersten modernen Wagen konstruiert hatte, eine Fahrerlaubnis. Diese berechtigte ihn, mit seiner Erfindung auf der Straße zu fahren. Der erste in ganz Deutschland gültige Lappen wurde 1909 ausgestellt. In der DDR wurde der Führerschein zeitweise auch als Fahrerlaubnis bezeichnet.

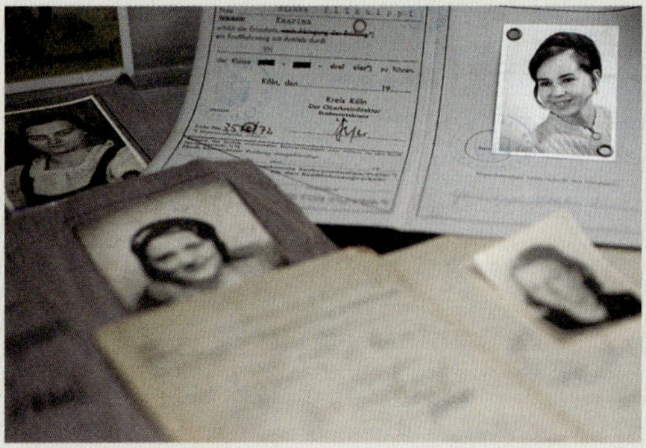

165a) Murmel

Einer der führenden Köpfe der polnischen Gewerkschaft *Solidarność* war der Friedensnobelpreisträger Lech Walesa (* 1943). Diese entstand 1980, nachdem sich gegen Ende der 70er verschiedene Streikbewegungen gruppiert hatten. Walesa hatte sich 1970 einem unrechtmäßigen Streikkomitee auf der Danziger Werft angeschlossen. Bei dem Aufstand ließen rund 80 Menschen ihr Leben, der spätere Staatspräsident Polens (1990–95) wurde verhaftet. Ein Jahr musste er im Gefängnis verbringen. In seinem Bestreben, den Arbeitern mehr Rechte zu sichern, gründete er u. a. 1978 die Untergrundvereinigung Freie Gewerkschaften Pommerns.

166b) Schlafsack

„Penntüten" gibt es in verschiedenen Ausführungen. Am bekanntesten sind die Mumienschlafsäcke, die nach oben hin leicht weiter werden. Bei Bundeswehrschlafsäcken sind seitlich noch extra Arme angebracht. Meist bestehen Schlafsäcke aus Vliesstoffen, Baumwolle oder Leinen und sind mit Mikrofasern oder Gänsedaunen gefüllt.

Daunenfedern

167c) Rohr

Spirituosen werden auch als Schnaps oder Branntwein bezeichnet. Generell ist der Verkauf an Personen unter 18 Jahren untersagt, da sie einen Mindestalkoholgehalt von 15 Vol.-% haben. Eine Ausnahme bildet Eierlikör, der 14 Vol.-% aufweist. Sämtliche Spirituosenhersteller müssen auf den Alkohol eine Verbrauchssteuer zahlen, die auch unter dem Namen Branntweinsteuer bekannt ist. Auf 1l puren Alkohols entfallen 13,03 € Steuern. Diese fließen dem Bund zu. Den Besteuerungssatz legt die Bundesmonopolverwaltung für Branntwein fest.

168d) geselliges Beisammensein
Der Besitz eines Partykellers war in den 70ern das Nonplusultra. Gefeiert wurde damals nicht im Wohnzimmer oder im Garten, sondern im Keller. Jugendliche und Erwachsene verzogen sich am Wochenende in den kleinen Raum, um dort ihren Geburtstag oder andere Partys zu feiern. Hochwertige Partykeller wiesen sogar einen eigenen Tresen und eine Zapfanlage auf. Jugendliche nutzten den Rückzugsort, um sich, unterstützt durch schnulzige Liebeslieder, dem anderen Geschlecht zu nähern.

169a) Motorrad
Als Kultbikes der 70er gelten unter Motorradfans viele Modelle von Yamaha und Kawasaki. So z. B. die Yamaha XT 500, die per Kickstart angelassen wurde und sich seit dem Produktionsstart im Jahr 1976 tausendfach verkaufte. Generell hatten japanische Motorradhersteller in dem Jahrzehnt den deutschen Markt fast vollständig für sich vereinnahmt. Als einer der wenigen deutschen Hersteller konnte sich BMW erfolgreich der asiatischen Motorradmacht entgegenstellen. Auch die italienischen Unternehmen Ducati und Moto Guzzi versuchten, mit ihren Maschinen am Markt mitzumischen.

170b) DDR

Jürgen Sparwasser (* 1948) schoss beim Vorrundenspiel zwischen der bundesdeutschen Nationalmannschaft und der DDR-Auswahl den entscheidenden Treffer. Trotz der 1:0-Niederlage konnte die deutsche Nationalmannschaft 1974 die Weltmeisterschaft im eigenen Land für sich entscheiden. Im Finale bezwang die von Helmut Schön (1915–96) trainierte Truppe rund um Sepp Maier (* 1944), Franz Beckenbauer (* 1945) und Günter Netzer (* 1944) die Niederlande mit 1:2. Die Treffer für Deutschland erzielten Paul Breitner und Gerd Müller.

171c) Rot-Weiß Oberhausen

Fünf Spiele in der Rückrunde waren von dem Bundesligaskandal in der Saison 1970/71 betroffen. Die Verantwortlichen der Vereine Arminia Bielefeld und Rot-Weiß Oberhausen hatten verschiedene Mannschaften und Spieler mit hohen Geldsummen bestochen, einige Spiele zugunsten der beiden Vereine zu verlieren. Viele der betroffenen Sportler und Funktionäre wurden nach Aufdeckung der Manipulationen zur Zahlung von Geldbußen gezwungen. Die meisten Spieler wurden für einige Jahre für den nationalen Spielbetrieb gesperrt, durften aber weiterhin im Ausland auflaufen.

172a) Trimm-dich

Der Deutsche Sportbund wollte die Deutschen in den 70ern dazu ermuntern, sich sportlich mehr zu betätigen. Aus diesem Grund rief er die Trimm-dich-Bewegung ins Leben, die Sport mit Freizeit und Natur verbindet. Häufig sind noch heute in Waldstücken verschiedene Täfelchen mit Übungsaufgaben verteilt, die auch für Ungeübte leicht zu bewältigen sind. Als Maskottchen der Bewegung wurde 1975 die Figur Timmi vorgestellt.

Trimm-dich-Pfad

173d) Jochen Rindt

Am 5. September 1970 kam es beim Training für den Großen Preis von Italien in Monza zu einem Unglück. Der deutsche Formel-1-Pilot Jochen Rindt (1942–70) kam von der Rennstrecke ab und überschlug sich. Trotz des sofortigen Eintreffens der Notärzte konnte im Krankenhaus nur der Tod des Lotus-Ford-Fahrers festgestellt werden. Seine in den vergangenen Rennen gesammelten Punkte reichten aus, um ihm nach den letzten fünf ausstehenden Rennen posthum den Weltmeistertitel zu verleihen. Seine Witwe nahm stellvertretend die Auszeichnung entgegen.

174a) Joe Frazier

Seinen Sieg bei den Olympischen Spielen 1964 hatte Joe Frazier (1944–2011) noch als Amateurboxer errungen; ein Jahr später trat „Smokin' Joe" bereits als Profi an. Den Weltmeistertitel im Schwergewicht erkämpfte er sich zum ersten Mal 1968. Für Aufsehen sorgten seine Aufeinandertreffen mit Muhammad Ali (* 1942). Den als „Kampf des Jahrhunderts" angepriesenen Zweikampf konnte Frazier 1971 noch für sich entscheiden, beim „Thrilla von Manila" hatte er das Nachsehen. Nach 14 absolvierten Runden wurde der Boxkampf abgebrochen und Ali als Sieger ausgerufen.

Neil Heifer und Muhammad Ali

175c) fünfmal

Lange bevor Lance Armstrong (* 1971) mit sieben Siegen bei der Tour de France für einen neuen Rekord sorgte, hatte der Belgier Eddy Merckx (* 1945) zwischen 1969 und 1974 die Rundfahrt fünfmal gewonnen. Dazu gesellten sich zahlreiche Siege u. a. beim Giro d'Italia sowie bei den Radrennen Mailand-San Remo und Lüttich-Bastogne-Lüttich. Auch beim Sechstagerennen stand er 17-mal auf dem Treppchen.

176c) Bobby Fischer
Fast zwei komplette Monate dauerte es, bis der US-Amerikaner Bobby Fischer (1943–2008) 1972 als neuer Schachweltmeister feststand. Das „Match des Jahrhunderts“ war auf 24 Spiele ausgelegt, gespielt wurden jedoch nur 21 Partien. Boris Spasski (* 1937) aus der Sowjetunion hatte vor Beginn des 22. Spiels dem Schiedsrichter telefonisch seine Aufgabe mitgeteilt. Dabei hatte es nach zwei Runden zunächst nicht gut für Fischer ausgesehen, erst im dritten Match konnte er zum ersten Mal über den Titelverteidiger triumphieren. Fischer galt als exzentrischer Spieler, der sich von Fernsehkameras im Saal gestört fühlte und zu manchen Spielen erst gar nicht auftauchte.

177d) Gerd Müller
Im Laufe der Fußball-Europameisterschaft 1972 schoss „Der Bomber der Nation“, Gerd Müller (* 1945), gleich elf Tore, vier davon in der Endrunde. Im Finale besiegte die deutsche Mannschaft die Sowjetunion mit 3:0. Im Anschluss des Turniers wurde Franz Beckenbauer zu Europas Fußballer des Jahres gekürt. Gerd Müller kam punktgleich mit Günter Netzer auf Platz 2.

Gerd Müller

178b) „Rumble in the Jungle“
Bei dem Boxgroßereignis – im Rahmenprogramm traten Stars wie Miriam Makeba und B. B. King auf – kämpften George Foreman (* 1949) und Muhammad Ali um den Weltmeistertitel. Foreman hatte den Titel inne, Ali wollte ihn sich nach Jahren der Abstinenz wieder zurückholen. Doch der jüngere Foreman, der bis dahin ungeschlagen war, galt als haushoher Favorit. Dank einer ausgeklügelten Taktik brachte Ali Foreman konditionell in Schwierigkeiten und knockte ihn in der achten Runde aus.

179c) Fluggesellschaft

Der Österreicher Niki Lauda (* 1949) gewann 1975 zum ersten Mal den Weltmeistertitel der Formel 1. Auch ein Jahr später war er erneut auf einem guten Weg, wurde jedoch von einem Unfall beim Großen Preis von Deutschland ausgebremst. Lauda kam von der Fahrbahn ab und fuhr gegen eine Felswand. Sein Ferrari ging sofort in Flammen auf. Lauda erlitt trotz Schutzkleidung zahlreiche Verbrennungen im Gesicht sowie eine Lungenverätzung. Schon wenige Wochen nach dem Unfall saß der Pilot wieder hinterm Steuer. 1977 und 1984 gewann er den Titel erneut.

180d) Tschechoslowakei

Die deutsche Fußballnationalmannschaft machte es bei der Europameisterschaft 1976 spannend. Die Entscheidung über den Titelgewinner fiel erst im Elfmeterschießen. Nach der regulären Spielzeit hatte es zwischen Deutschland und der Tschechoslowakei 2:2 gestanden. Auch die Verlängerung brachte keine Änderung. Zur tragischen Figur wurde Uli Hoeneß (* 1952), der den entscheidenden Elfmeter vergab. Der Ball ging meterweit über das Tor hinaus. Für Antonin Panenka war es abschließend ein Leichtes, den Siegtreffer gegen Sepp Maier zu verwandeln.

181a) Rosi Mittermaier

1976 war das Jahr der Skiläuferin Rosi Mittermaier (* 1950). Sie sicherte sich bei den Olympischen Winterspielen in Innsbruck den Gewinn in der Abfahrt und im Slalom. Außerdem fuhr sie beim Riesenslalom auf den 2. Platz. Bei den Weltmeisterschaften, die ebenfalls in Innsbruck abgehalten wurden, holte sie sich in der Abfahrt, beim Slalom sowie in der Kombination die Goldmedaille. Im Riesenslalom reichte es „nur" zu Silber.

182c) keine Sauerstoffgeräte

Reinhold Messner (* 1944) und Peter Habeler (* 1942) wagten als erste Bergsteiger den Aufstieg des Mount Everest ohne zusätzlichen Sauerstoff per Flasche. Am 29. Mai 1953 hatten bereits der Neuseeländer Edmund Hillary (1919–2008) und sein nepalesischer-indischer Kompagnon Tenzing Norgay (1914–86) als Erste erfolgreich die 8848 m bezwungen. Der Mount Everest, der anteilig zu Nepal und zu China bzw. Tibet gezählt wird, ist der höchste Berg der Welt und Teil der Seven Summits, den sieben höchsten Bergen der Kontinente.

Mount Everest

183d) Wimbledon
Björn Borg (* 1956) hat zwei der wichtigsten Tennisturniere gleich mehrfach gewonnen: Er siegte fünfmal in Wimbledon und sechsmal bei den French Open. Bei den US Open stand er ebenfalls viermal im Finale, unterlag jedoch jedes Mal seinem Gegner. Mit der schwedischen Mannschaft errang er 1975 den Titel im Davis Cup. Der ehemalige Weltranglistenerste (1979 und 1980) galt unter Kollegen immer als durchtrainiert – egal, ob er sich gerade in der Vorbereitung, in der Hauptsaison oder im Urlaub befand. Er war einer der dominierenden Spieler der zweiten Hälfte der 70er und ersten Jahre der 80er und zählt zu den besten Spielern der Tennisgeschichte überhaupt.

LEBENSMITTEL

184a) Osnabrück
1975 hatten die Cousins Aloys Coppenrath (* 1933) und Josef Wiese (1932–2009) den Plan ausgetüftelt, der Bevölkerung kleine tiefgekühlte Torten anzubieten, die nach kurzem Auftauen oder Aufbacken wie frisch schmeckten. Wiese hatte 1947–50 eine Bäckerlehre sowie 1950–52 eine Konditorausbildung absolviert. Inzwischen wird der Betrieb, der in Europa als größter Lieferant von Tiefkühl-Backwaren gilt, nur noch von den Angehörigen Coppenraths geleitet.

185d) Sonntagsbraten

Wenigstens einmal in der Woche gab es in den 70ern ein gutes Stück Fleisch auf den Tellern. Meistens sonntags versammelte sich die gesamte Familie um den Esstisch und verspeiste den Braten, der oft aus Schweinefleisch bestand und mit Kräutern, Zwiebeln und weiterem Gemüse – manchmal sogar mit einem Apfel – angereichert war. Dazu wurden häufig Spätzle und Bohnen serviert. Beliebte Beilagenklassiker waren auch Kartoffeln und Rotkohl. Eine dunkle Bratensoße durfte natürlich auch nicht fehlen.

186b) Ungarn

Die Ungarn selbst bezeichnen den fleischigen Eintopf, den wir unter dem Namen Gulasch kennen, als Pörkölt. Eine verwandte Form ist der Paprikás, bei dem saure Sahne hinzugegeben wird und der nicht ganz so stark nach Gewürzpaprika schmeckt. Die Ungarn kennen noch eine dritte Variante, den Tokány. Für dieses Gericht wird das Fleisch in längliche Streifen zerhackt. Die drei Variationen kennen noch viele verschiedene Zubereitungsarten. Generell werden dem Fleisch aber immer Paprika und Zwiebeln zugegeben, häufig ergänzt durch Knoblauch und Kümmel. Meist wird der Eintopf so lange gekocht, bis die Flüssigkeit eine sämige Konsistenz erreicht.

187a) Aprikosenmarmelade

Nussecken setzen sich aus einer Schicht Mürbeteig, bestehend aus Butter, Zucker, Mehl und Backpulver, und einer Schicht Nüsse zusammen. Die Nüsse werden vorher mit einer Masse aus Zucker, Vanillinzucker, Wasser und Butter verrührt. Der Teig wird nach dem Backen in Dreiecke geschnitten und mit Aprikosenmarmelade und Schokolade ummantelt.

188d) mit Fleischsalat gefüllte Tomaten
Gefüllte Tomaten waren in den 70ern ein beliebtes Gericht, da es schnell und einfach zuzubereiten ist. Von den Tomaten wird oben ein kleiner Deckel abgeschnitten, die fleischige Masse herausgeholt und mit Fleischsalat wieder aufgefüllt. Der Deckel wird anschließend oben aufgesetzt und mit Mayonnaise dekoriert. Neben den gefüllten Tomaten gesellte sich auf der kalten Platte gern auch Spargel dazu, der mit Kochschinken umwickelt war.

189d) Getränkesirup
TRi TOP erfreute sich in den 70ern großer Beliebtheit. Hergestellt wurde der Sirup, der in vielen verschiedenen Geschmacksrichtungen angeboten wurde, von der Union deutscher Lebensmittelwerke. Als in den 80ern die Nachfrage für das Produkt nachließ, wurde TRi TOP vom Markt genommen. Anfang 2000 erlebte das Getränk ein Comeback. Das Unternehmen DrinkStar brachte den Sirup fortan statt in Glas- in Kunststoffflaschen heraus. Der hohe Zuckeranteil wurde durch kalorienärmeren Süßstoff ersetzt. Die Form, die an eine Lavalampe erinnert, ist jedoch geblieben.

190c) Karamell

Der „Braune Bär" überzeugte Kinder und Erwachsene vor allem durch seinen harten Karamellkern. Die kleine Haube aus Schokolade war dagegen eher zweitrangig. Vor wenigen Jahren tauchte das Eis am Stiel wieder auf einigen Eiskarten auf, nachdem es lange nicht mehr angeboten worden war. Viele Eisliebhaber bemängeln jedoch, dass der Karamellkern des „Braunen Bären" nicht mehr so schön zäh und fest ist wie früher, sondern viel zu weich.

191a) Himbeersirup

Für Berliner Weiße mit Schuss werden Himbeersirup und das markenrechtlich geschützte Bier „Berliner Weiße" miteinander gemischt. Der süße Sirup gleicht den leicht säuerlichen Geschmack des Schankbieres aus. Dieses wird aus Gersten- und Weizenmalz hergestellt. Zu Beginn wurde das Berliner Weiße noch mit Kümmelschnaps oder Korn vermengt („Weiße mit Strippe"), erst seit Ende des 19. Jahrhunderts kamen süße Waldmeisterkräuter hinzu. Aus den Kräutern wurde im Laufe der Zeit Sirup. Seit einige Jahren hat sich auch die Variante „Weiße Royal" durchgesetzt (Berliner Weiße mit Sekt oder Crème de Cassis).

192b) Wackelpeter

Als Topping wird auf einen Wackelpudding häufig Vanillesauce gegeben. Viele Süßmäuler verzieren das Gelatineprodukt auch gern mit Schlagsahne. Den Wackelpudding gibt es in verschiedenen Geschmacksrichtungen, so z. B. Kirsche, Waldmeister und Zitrone. Um die charakteristischen Farben zu erhalten, werden fast immer Lebensmittelfarben eingesetzt. Für Vegetarier stehen Produkte bereit, die statt Gelatine Carrageen oder Agar beinhalten. Großer Beliebtheit erfreuen sich auch Jelly-Shots, bei denen das Wasser durch Alkohol ersetzt wird. Meist handelt es sich dabei um Wodka.

193d) Hackfleisch

Gefüllte Paprikaschoten waren in den 70ern ein Gericht, das sich für die ganze Familie eignete. Die mit Hackfleisch gefüllten Gemüsekörbchen schmeckten Eltern und Kindern gleichermaßen. Garniert wurden die Paprikaschoten mit Schafskäse. Vegetarier ersetzen die Fleischfüllung heutzutage häufig durch Couscous, das vorher in einer Gemüsebrühe gekocht wird. Viele befüllen die Paprika zusätzlich mit Brokkoli und Sellerie.

194a) Rotwein

Sangria besteht aus Rotwein, Weinbrand, Fruchtsaft und Zitrusfrüchten. Gern wird das spanische Getränk kalt getrunken und in einer Glaskaraffe serviert. Sangria ist in Spanien ein einfaches Partygetränk, ähnlich der Bowle in Deutschland oder dem Punsch in England. Da Sangria eine einfach zuzubereitende Bowle ist, gibt es viele Varianten. Am Ballermann wird das Getränk üblicherweise mit langen Strohhalmen direkt aus einem Plastikeimer geschlürft.

195c) Olive

Bereits Ende des 19. Jahrhunderts tauchte ein Rezept für einen Nizza-Salat in einer französischen Zeitschrift auf. Hauptbestandteil des Gerichts sind Oliven und Tomaten. Statt der Oliven werden in einigen Kochbüchern als Alternative auch Sardellen vorgeschlagen. Oder es werden einfach beide Zutaten verwendet und noch zusätzlich durch Paprikaschoten, Zwiebeln und Eier ergänzt.

196a) Tiefkühlpizza

Das in Bielefeld ansässige Unternehmen Dr. Oetker brachte 1970 in Deutschland die ersten Tiefkühlpizzen auf den Markt. Kurze Zeit später zog das Unternehmen Wagner nach. Ihre bekannteste Variante ist die Steinofenpizza, die 1976 in den Handel kam. Die Tiefkühlware wurde in der Bundesrepublik ein wahrer Verkaufsrenner, der Absatz stieg in den 70ern jährlich um mehrere Tausend Tonnen an.

197a) Lakritz

Knöterich Pastillen, die in den 70ern von fast jedem Kind gelutscht wurden, sind nicht komplett in der Versenkung verschwunden. Einige Bonbonhersteller bieten sie im Internet weiterhin zum Verkauf an. Wesentlicher Bestandteil der Pastillen sind Knöterich, Anis und Lakritz. Zu erkennen waren die Süßigkeiten an einem kleinen eingravierten Kreuz. Knöterich ist eine Pflanze, die einjährig blüht. Sie ist besonders in den gemäßigten Breiten der Nordhalbkugel verbreitet, also auch in Deutschland.

BILDNACHWEIS

dpa Picture-Alliance, Frankfurt:	5, 6, 8, 9, 10, 11, 12, 13, 14, 15, 16, 17, 18, 19, 20, 22, 25, 26, 31, 32, 34, 36, 37, 39, 43, 44, 46, 49, 52, 55, 57, 58, 59, 60, 62, 63, 64, 65, 66, 67, 68, 69, 70, 71, 72, 73, 74, 76, 80, 82, 83, 84, 86, 88, 89, 91, 92, 93, 95, 98, 99, 102, 103, 108, 110, 112, 113, 114, 118, 119, 120
fotolia.com:	Alexander Wurditsch 21; WoGi 23; creativedoxfoto 24; Daniel Etzold 27; detlevmolitor 33; simschmidt 35; Foto Guttmann 38; ts-grafik.de 45; visuals-and-concepts 47; Christian Jung 48; victoria p. 51; Inga Nielsen 54; vasi_100 56; EcoView 61; Stephan Rietschel 75; miket 77; Fotofreundin 78; Olivier Le Moal 81; Olivier Le Moal 90; Christian Nitz 94; Sigtrix 96; Ina Schoenrock 97; Jan Kranendonk 100; Daniel Hohlfeld 101; Thomas Pajot 104; deviantART 105; J. Steiner 107; Herbie 115; Immo Schiller 117; idee23 121; parazit 122; S. Rekate 124; Pescatore 125; Jürgen Fälchle 126; Christian Jung 127
pixelio.de:	Lichtbild Austria 29; BrandtMarke 41; Rainer Sturm 42; Michaela Schöllhorn 53; Gabriele Planthaber 87
123rf.com:	Mike Flippo 28; hypermania2 40; Patricia Hofmeester 50; Mariia Komar 106; Nikita Sobolkov 109; drobm 111; Steve Baker 116; Svetlana Kolpakova 123
Sonstige:	Lizenz cc-by-sa: Soerfm 7; Oliver Raupach 30; Martin H. 79; Flickr upload bot 85